暮らしナチュラリスト入門

新しい生活様式の時代に
心地よく暮らすための27のレシピ

川村　康子
Yasuko Kawamura

angelpasser

改訂版まえがき

Le'a kūlou a ka lawai'a, ua mālie
［レア・クーロウ・ア・カ・ラヴァイア、ウア・マーリエ］
いまを楽しみなさい

はじめまして！

〈暮らしナチュラリスト〉主宰の〝笑む〟こと川村康子です。

この本を、手に取ってくださってありがとうございます。

２０２０年は、新型コロナウイルスの感染拡大により、世界中の人々が、これまでの生活様式を大きく変えなければならない年になりました。こうした中、「暮らし」「ナチュラル」をキーワードに、重曹などの天然素材を、暮らしのベーシック・アイテムとして取り入れたライフスタイルは、新しい生活様式が求められる時代にあって、より輝きを増しているように思います。

そこで、２０１６年８月に出版した『暮らしナチュラリスト入門　心地よく暮らすための27のレシピ』を一部アップデートし、このたび改訂版として本書を発行する運びとなりました。

私が重曹に興味を持つきっかけとなったのは、大好きなハワイでのこと。予約していたコンドミニアムの大型冷蔵庫の中にポツンと置かれていた〈ベーキングソーダ〉のオレンジ色の箱。それが消臭用ということも知らず、「どうしてここに重曹が?」と思って調べ始め、やがて私が目指す「心地よく楽しい暮らし方」へとナビゲートしてくれたのが重曹でした。

杜の都・仙台に住まうようになり、私は何度か人生のターニングポイントを迎え、通過してきました。幾つもの星のかけらたちが一つの星座になるように、私自身のさまざまな星屑のような想いがぼんやりと形になり始めたのが、いまから10年ほど前のこと。ご縁ある方々に支えていただきながら、頼りない生まれたての星座の輪郭を少しずつ描き、経験を積ませていただいたからこそ、私はいま、ここにこうしていられるのです。

エコ&カジュアルな家事スタイルを提案した〈エコ家事〉。このネーミングがメディアで取り上げていただけるようになったのも、〝人との出会い〟です。

２００９年4月から河北新報紙上に「笑むと『エコ家事』」のエッセーを2年間連載させていただくなど、〝身近なエコ〟を発信し続けた10年でした。〈エコ家事プランナー〉という〝羽〟をいただき、年間１６０本ほどの講座やイベントなどで羽を休めることなく飛び続けました。そこで出会うたくさんの笑顔と経験は、いまも私の宝物です。

そしていま私は、〈エコ家事〉をベースに、「心地よく楽しい暮らし方」を願い、さまざまな自然素材の優しさと力強さを「こころ・からだ・くらし」に生かすライフスタイルを提案しています。〈暮らしナチュラリスト〉とはその実践者のこと。通称〈暮らナチュ〉。

この本は、〈暮らしナチュラリスト〉の入門書であり、27のレシピを通して、具体的に〈暮らしナチュラリスト〉について知っていただくための解説書でもあります。

私は２０１４年10月※「暮らしナチュラリスト養成講座」をスタートさせました。プレママ(妊婦さん)&子育て世代、働く女性、輝く皆さんへ贈る、手作りのオリジナル・プログラムです。最近では、関心を寄せていただくイクメンも増えてきています。

まずは本書のお好きなページをめくってみてください。新しい生活様式の実践に役立つ暮らしのヒントや「いい風、いい気分」を感じ取っていただける記事に出会えますことを願っています。

そして皆さまに次の言葉を贈ります。

Le'a kūlou a ka lawai'a, ua mālie（いまを楽しみなさい）

今日の、いまという時間は二度とやってこない人生の貴重なひととき。

ウィズコロナの時代において、いまを楽しみ、悔いのないように生きるためにも、私はこのハワイ語をいつも心に留めています。

※2015年2月、『生きることに前向きな輝く女性たちへ。暮らしナチュラリスト養成講座』の事業提案は「SENDAI for Startups! ビジネスグランプリ2015」奨励賞をいただきました。

［注記］本書に記載されている内容に従った素材などの使用効果につきましては、使用環境や固有の条件によって左右されるため、常に期待される効果が得られることを保証するものではありません。また、使用に当たっては体調や体質などにより使用を回避すべき場合もございますので、自己責任でご判断ください。

目次

〈暮らしナチュラリスト〉ベーシック

この本は、お掃除本ではありません。

暮らしの中の「自分」に向き合い、整えていくための「レシピ本」です。
暮らしの中の「自分」の内側に、手を入れていくための「お手入れ本」です。
新しい生活様式の時代に、もっと心地よい暮らしを手に入れるために
いまよりもっと心地よい私を手に入れるために
自然素材たちがやさしくお手伝いしてくれます。

「暮らしはいまの私」

心がざわざわしていると暮らしの中も不思議とざわついているものです。
そんなときは「暮らしに手を入れる」チャンスです。

自分の心を撫でるように、暮らしを拭いてみたり。
自分の心を磨くように、暮らしを磨いてみたり。
自分の心を洗うように、暮らしを洗ってみたり。

『暮らしナチュラリスト入門　新しい生活様式の時代に心地よく暮らすための27のレシピ』は三つの章から構成されています。「心地よいスキンケア」「心地よいキッチン&サニタリーケア」「心地よい暮らしケア」の三つです。

自然素材を使った暮らし方の中でも、ベーシックな使い方・向き合い方をセレクトしています。そして、特に皆さまから人気のある〝モノづくり〟をはじめ関心の高いテーマを集めたレシピ集でもあります。

〈笑むのエッセー〉では一つのキーワードを軸に〝心地よいこと〟〝楽しいこと〟など自然素材との日々の暮らしを描いています。〈笑むのレシピ〉は27個のご用意があります。読み進めていくと27個のレシピのほかに "隠されレシピ" に出会えるはずです。

この本は最初から順に読んでいただくのはもちろんですが、気になるページから読んでもいいのです。

気分が乗っている！　心が開いている！　そのタイミングで感じるメッセージは、呼吸するようにストンと自然に体に入ってくるに違いありません。

心が動きだしたら、体を動かしてみましょう。小さなアクションがきっと暮らしに心地よい変化を起こし始めることでしょう。

暮らしは自分を楽しむためのものです。

まずは準備！　自然素材の暮らし方のベースになる重曹、クエン酸を用意しましょう。

すでに重曹やクエン酸をお持ちの方も、次のことを確認してから使い始めましょう。

ここ数年、ナチュラル志向や安心・安全を求める傾向が強まり重曹やクエン酸はスーパーなどでも手軽に購入できるようになりましたね。でも自然素材だからといっても、どれも同じではありません。〈暮らしナチュラリスト〉で使うのは全て〝食品レベル〟が条件です。口に入っても肌に触れても安心な素材を使うことが〈暮らしナチュラリスト〉のこだわりです。

重曹やクエン酸を選ぶときは商品パッケージ裏の表示を見て「○○用」なのかを確認します。「薬用」「食用」「工業用」の三つの分類があります。重曹には約300通り、クエン酸には約100通りの使い方や楽しみ方がありますが、それは「薬用」「食品用」に限ってのこと。

例えば重曹。なんでもできるから〝魔法の粉〟と呼ばれていますが、同じ食品レベルの重曹でも産地や精製方法等によりパウダーの粒子や味にも違いがあります。使いやすさも異なります。

〝粉フェチ〟の私は、自分の物差し=純度の高さで選んでいます。純度の高いものを選ぶことで、安心と安全を手に入れられるからです。

手を伸ばせばいつもそばに自然素材があること、それが私の心地よいスタイルです。

第1章

心地よいスキンケア

笑むのエッセー１

Happiness and Smiles Essays 01

入浴剤

皆さんは毎日のお風呂に入浴剤は入れていますか？

ここ数年の入浴剤ブーム！　カラフルでお菓子みたいな入浴剤が可愛くディスプレーされているお店も増え、眺めているだけでも心躍りますね。

市販の入浴剤には、無機塩類、生薬類、酵素類、有機酸類、保湿剤、着色剤、香料などが使われています。成分の構成により、無機塩類系、炭酸ガス系、薬用植物系、酵素系などに分けられますが、市販のものは、これらの複合タイプが多いようです。最近では健康志向の高まりもあり、血行促進や疲労回復などをイメージさせる炭酸ガス系（バスボム）が好評です。

先日、ある企業のＪＲのトレインチャンネル用電子広告の制作で「柚子のバスボム」を監修させていただいたところ、大きな反響がありました。「お風呂でリラックスして、１日の疲れを取りたい」という、そんな思いを抱く通勤客の方が多かったのだろうと思います。

入浴には仕事モードを緩め、副交感神経にスイッチが入ることで全身の血流と代謝を改善する作用があるといわれています。１日の疲れを和らげ、体の汗や汚れを取り、気分をリセットしてくれる入浴。その効果を一層高めてくれるのが重曹＋クエン酸を使ったバスボムによる炭酸入浴です。実際、さら湯に入るよりも冷えや疲労感の軽減に効果があることが実証されています。

そこで私の講座でも一番人気の「手作りバスボム」をご紹介いたします。「入浴剤が簡単に手作りできる！」驚きと喜びを、ぜひご体感ください。

バスボムは、重曹とクエン酸が混ざり合うときに炭酸ガスが発生する作用を利用しています。お風呂の中でシュワシュワと発泡するバスボム、英語で「ボム」は「bomb＝爆弾」で、文字通り〝お風呂の爆弾〟という意味ですが、手作りのバスボムは、小さな泡たちが優しく奏でるイメージ。自然だけの力、全ての素材が口に入れても安全な食品レベルです！

重曹の軟水作用、とろんとした肌当たりの柔らかなお湯に包まれていると、体がじんわり温まります。ちなみに温泉の泉質で「美人の湯」と呼ばれる「重曹泉」（炭酸水素塩泉）には、皮膚の不要な角質や毛穴の汚れを取る美肌効果があり、メラニンを分解して肌のくすみを解消することも分かっています。

こうした温泉気分を自宅のバスルームで日々体感できる至福！　それを実現できるのが手作りバスボムです。左ページのレシピを参考に、ぜひご家族でトライしてみてはいかがでしょうか。

入浴でポイントとなるお湯の温度設定は30～40℃が理想的です。重曹＋クエン酸による炭酸入浴は、体の皮脂汚れを優しく落とし、加齢臭などの気になる臭いも大幅に軽減しますから、初めて体感される方は驚かれるかも！

乾燥肌の方は入浴後、保湿剤で肌に潤いを与えることをお忘れなく。

◆ワンポイントアドバイス

ここで紹介しているバスボムのように形にする方法のほか、素材だけお湯に入れて使う方法もあります。一番湯の人が重曹とクエン酸の粉をひとつかみお風呂に投入します。次に入る人はさらに追加してもＯＫ。重曹やクエン酸のほかにも、体調や好みに合わせて自然素材のソルトやシュガー、精油やオイルなど魔女気分で調合するのも楽しいものです。

笑むのレシピ 1 Happiness and Smiles Recipes 01

手作りバスボム

【材料（1、2 回分）】
◎重曹：100g ◎クエン酸：50g ◎片栗粉：大さじ 2 杯
【用意するもの】
◎霧吹き ◎ボウル ◎型（お菓子のシリコンやプリンの型など）
【作り方】
① 重曹、クエン酸、片栗粉をボウルに入れよく混ぜる。
② ①の粉全体に霧吹きの水を吹き掛けながら粉が少し湿った状態にする。
③ ②の粉を手の平で握り、軽くまとまるようになったら型に詰める。
【留意点】

水分量が多すぎると発泡が始まりキレイに型抜きができません。ソルトやシュガー、食紅などのトッピングなどはその日の気分で加えましょう。24時間風呂、大理石やヒノキのお風呂にはご使用いただけません。床材との相性で滑りやすい場合があります。ご注意ください。

笑むのエッセー2

Happiness and Smiles Essays 02

歯磨きペースト

毎日の歯磨きはどのようなものをお使いでしょうか？

気持ちよい毎日のために、私は重曹の歯磨きペーストを使っています。

そこで今回は、重曹の歯磨きペーストのレシピの紹介です。

〝毎日のことだから〟たとえ飲み込んでしまっても安全なものにしたいですね。そして自然素材を使い続けているという安心感も大切。重曹は歯磨き剤として汚れ取りや虫歯予防などに有効で、しっかりケアしてくれるからこそ毎日使い続けられます。歯磨き後、歯がキュキュッとなるのは気持ちがいいものです。

うがいができない子どもや高齢者介護の現場などでも、安心な歯磨き習慣のお手伝いできるのが重曹。そのさらさら粒子で歯を磨くと、コーヒーやお茶などの着色汚れが落ち、口臭予防にもなります。

お子さんが歯ブラシを嫌がる時期は、少しぬらしたガーゼに少量の重曹を付けて、優しく拭き磨き。成長後は大人同様に、ぬらしたブラシの先や糸ようじに少しだけ重曹を付け磨きます。とろみと甘みのあるグリセリンをプラスする方法は初めて使う方にも人気があります。さらに、ハッカ油などスッキリ効果のある香りをお好みで加えます。

私は、定期的に歯のメンテナンスに通っています。小さい頃の歯医者さんでの怖い記憶が大人になっても消えず、遠ざかっていたのですが、自宅近くにいい歯科ができ、虫歯になる前のケアなら痛くも怖くもなく、むしろ気持ちいい、と思えるようになりました。今では担当の歯科衛生士さんの処置中、口開けたまま寝ちゃうほど（笑）。おかげさまで虫歯にならずに過ごしています。

毎日の重曹歯磨きの習慣、道具である歯ブラシの選択や使用方法、専門家のアドバイス、定期的なメンテナンス、どれが欠けても私の虫歯ゼロは継続できなかったと思います。

これって考えてみれば・・・暮らしの中でのお掃除やお手入れも同じですね。ため込んだ汚れを取り除くには、強力な力と時間という治療が必要、気付かずにいると、ときに恐ろしい状況に。道具選びや使い方、暮らし方の癖など定期的に見直したりメンテナンスしたり専門家のアドバイスが大切だということにおいては、私たちの「体」も「暮らし」も共通なのです。

先日、ママたちが作った「重曹歯磨きペースト」を自宅で子どもたちに使ってもらった感想は、どれもうれしいご報告ばかり！　中にはお子さま初めての歯磨きに重曹歯磨きペーストという方もいらっしゃいました！　ママから子どもたちへ。安心で心地よいリレーの始まりです。

重曹の歯磨きペーストは市販の歯磨き剤とは異なり、泡立たないため、ゆったり丁寧な歯磨きができます。強くこすらずに優しく磨いてくださいね！

◆ワンポイントアドバイス

重曹を使うマウスケアを併せてご紹介しておきましょう。

〈重曹うがい〉水やぬるま湯の中に重曹をほんの少し（１g程度）を入れてうがいします。虫歯や風邪の予防にも効果があります。

〈マウスウォッシュ〉精製水１００㎖に重曹小さじ１／２、グリセリン（植物原料）小さじ2、ハッカ油数滴を加え、よく振ってから口をすすぎます（冷暗所で2週間程度保存可能）。

笑むのレシピ *2* Happiness and Smiles Recipes 02

重曹の歯磨きペースト

【材料】
◎重曹：大さじ３ ◎グリセリン（植物性）：大さじ３ ◎ハッカ油（食品）：数滴
【用意するもの】
◎空き瓶
【作り方】
① 消毒した瓶に重曹とグリセリンを入れよく混ぜ、とろんとしたペースト状にする。
② お好みでハッカ油を数滴入れてさらによく混ぜる。
【留意点】

常温で保存可能です。１カ月程度で使い切れる量を作りましょう。

【オプション】

ココナッツの歯磨きペーストもおすすめです。作り方はいたって簡単。重曹とバージンココナッツオイル各大さじ3を消毒した瓶の中に入れよく混ぜペースト状にします。甘い香りと抗菌作用が歯磨きペーストに加わります。

笑むのエッセー3 Happiness and Smiles Essays 03

炭酸洗顔

「合成洗剤の洗顔はやめなさい」

そう皮膚科の医師に言われたのはもう20年以上前の話。

かゆかゆ肌。当時の私は成人型アトピー性皮膚炎と診断されました。先生は「家にあるでしょ、白いせっけん、あれで洗うだけでいい！」「洗顔後のケアはしなくていい！」とおっしゃいます。「でも、つっぱるよね・・・」と思う私の心の内をまるでお見通しのようなタイミングで「自らの油分が出る、それも美容液のようなな！」と先生は続けるのでありました。今ならとても素直に先生の言葉が理解できて相づちなど打ちながら先生と語らうこともできたはず。

スキンケアとは、肌をただ美しく見せようというものではなく、本来の意味は皮膚を健やかに、その状態を保つということ。余計なものを使わないナチュラルスキンケアが基本です。

いま美容界で人気の炭酸美容。炭酸パック、炭酸ダイエット、炭酸ヘッドスパ・・・関心のある方は多いはず。

実は、重曹とクエン酸の発泡作用でかなう美容法です。〈笑むのレシピ１‥手作りバスボム〉もこの炭酸美容の一つ。血行促進と汚れを落とす効果が期待できます。重曹とクエン酸のシュワシュワ炭酸ガスが皮膚から取り込まれると、血管が拡張し血行が良くなります。皮脂汚れを吸着し、古い角質を取り除く働きもあります。

週２、３回程度、炭酸洗顔をしてみましょう。炭酸水は手作りできます。洗面ボウルの中にぬるま湯５００㎖を入れ、重曹、クエン酸を各小さじ１混ぜるだけで完成です。皮脂汚れは水よりぬるま湯がおすすめです。

洗い方は、洗面ボウルの炭酸水で軽く洗顔し、泡立てたせっけんを顔に乗せて、優しく洗うナチュラルスキンケアが基本。「ゴシゴシ洗顔は禁物！」と美人の〈暮らナチュ〉生徒さんたちは口をそろえます（笑）。

さて、今回は「アロマ炭酸ジェル」のレシピのご紹介です。

ぜひ一度、バスタイムで「アロマ炭酸ジェル」をご体感ください。バスルームに香りが広がる中のセルフマッサージはとても心地よい時間です。

炭酸美容のクエン酸は肌にたまっている角質を優しく落とします。新陳代謝を促し皮膚の再生を促すといわれています。ただ、デリケート肌の方や乾燥シーズンは少しピリピリするかもしれません。いくら自然素材とはいえ、誰にでも合うわけではありません。肌に合わなければトラブルの原因になりますから、素材が自分の肌に合うか、肌荒れを起こさないか、注意が必要です。

「重曹＋クエン酸＝炭酸マジック」スキンケアでも取り入れてみましょう。

◆ワンポイントアドバイス

アロマ炭酸ジェルなどを初めて使うときは、パッチテストで安全を確かめてから使用しましょう。流行りに惑わされることなく、自分の肌が喜ぶ違和感のないスキンケア方法を見つけましょう。なんとなく気持ちいい、なんとなくいい、そう感じたらきっとあなたに合っている証しです。

笑むのレシピ 3　Happiness and Smiles Recipes 03

アロマ炭酸ジェル

【材料】
◎重曹：小さじ1 ◎クエン酸：小さじ2/3 ◎キサンタンガム：耳かき10杯 ◎精製水：20mℓ ◎グリセリン：小さじ1 ◎お好みの精油：2滴
【用意するもの】
◎容器 ◎耳かき
【作り方】
① 容器にキサンタンガムを入れ精製水で溶き、グリセリンを加えジェルを作る。
② ①に重曹を加え重曹ジェルを作る。
③ ②に精油を入れてよく混ぜる。
④ ③にクエン酸を少しずつ加えると化学反応で発泡、全体になじんだら完成。
【留意点】

ピリピリが気になるときはオイル（スイートアーモンドオイル、ホホバオイル）を小さじ1加える。容器や器具は清潔なものを使用し、出来上ったらすぐに使いましょう。

笑むのエッセー4
Happiness and Smiles Essays 04

シャンプー

「ノンシリコン」「湯シャン」など、ヘアケアに関するキーワードを最近よく見聞きするようになりました。美容室では、炭酸ヘッドスパや頭皮マッサージでほぐしてもらうと、目や肩の疲れが少し和らぎ、頭皮の血管が全身とつながっている感覚を味わえます。

数あるヘアケア剤の中から髪や頭皮に優しいシャンプーを選ぼうとすると き、皆さんは迷った経験はありませんか？　ついパッケージの「○○に優しい」などのキャッチコピーやデザインの印象で購入を決めてしまいがちです。市販のシャンプーには髪をさらさらにし、香りなどを持続させるための成分が入っていますが、髪にダメージを与える物質が入っていることもあり、使い方や頻度を誤ると、シャンプーすること自体が頭皮の皮脂バランスを崩すことにつながりかねません。

最近、私の周りでは〝湯シャン〟を始める人が増えています。湯シャンは髪や頭皮にお悩みの方にも朗報といえるでしょう。首や背中などにできたボツボツ、気づけばできなくなっていたなどという話もよく聞きます。

湯シャンは、シャンプーやトリートメントなど使わずに、お湯の洗浄力で髪を洗い上げるもの。お湯の温度が40℃以上になるとシャンプーと同等の洗浄力となるため、温度を低めにして湯シャンすると、必要な皮脂や保湿成分が流されず、髪に艶やコシが生まれ、本来の地肌の働きがよみがえるといわれています。続けていくと、頭皮の色も赤茶けていた色が元の健康色に。

湯シャンの方法はとてもシンプル。次の手順でどうぞ。
① 柔らかいブラシで髪をブラッシングする
② ぬるま湯でシャワーしながら軽くマッサージ。長くても5分以内に
③ 髪のキシミが気になる場合は洗面器にクエン酸小さじ1／2を溶かし髪の毛に掛ける
(頭皮が赤い、痒みなど異常があるときは使用中止)

④タオルに挟んで押し拭く

私は「湯シャンの日」と「せっけんシャンプーの日」をその日の気分で使い分けています。

今回は「ほのかに香る液体せっけんシャンプー」のレシピ紹介です。基本は無添加の液体せっけんに、お好みの精油を数滴落とすだけです。

こんな興味深いお話を聞きました。薄毛に悩む男性が、海外長期出張の荷物軽量化のためシャンプーなど極力持たず、固形せっけん一つで髪の毛を洗い続けたそうです。そして、その１カ月後のサプライズ！　産毛のような毛が生えたというのです。薄毛を気にする周囲の男性陣も試したところ、その彼も！

実際、シャンプー選び、洗髪の頻度、お湯の温度や量、洗い方など、シャンプーに対する意識を変えるだけで、頭皮や頭髪が改善されることもあるのです。

◆ワンポイントアドバイス

髪を美しく豊かにするため、使い心地よいヘアブラシを１本手に入れることも大切。ブラッシングは抜け毛や汚れを取り除くばかりでなく、髪全体に皮脂を行き渡らす潤い効果や、髪の成長促進となるマッサージ効果などがあります。

笑むのレシピ 4 Happiness and Smiles Recipes 04

ほのかに香る液体せっけんシャンプー

【材料】
◎無添加の液体せっけん：50mℓ ◎椿油やホホバオイルなど：小さじ1 ◎ラベンダーやローズマリー精油：3滴
【用意するもの】
◎ボウルなどの容器 ◎シャンプー用容器
【作り方】
① 清潔な容器に無添加せっけんを入れる。
② ①に椿油を入れよく混ぜ、さらに精油を加えシャンプー用容器に入れて完成。
【留意点】

日付を記入したテープやシールなどを貼り、10日から2週間を目安に使い切る。

【オプション】

ヘアリンスも作ってみましょう。清潔な保存容器に精製水300mℓとクエン酸大さじ1程度を入れます。1ℓのぬるま湯に作ったリンスを50mℓ入れて洗髪後に髪になじませ、すすぎます。

笑むのエッセー5

Happiness and Smiles Essays 05

オイルマッサージ

スキンケアやヘアケアに使うオイル。お気に入りのオイルはありますか？　オイルの種類は多く、原料となる植物の産地により色や香りや粘度などさまざまです。

昔、おばあちゃんの三面鏡に、椿油の瓶があったことを思い出します。椿油の歴史は古く、平安時代初期には使われていた日本の伝統あるオイルです。日本人の美しい黒髪を保つため、今も使い続けられています。椿油は、オレイン酸が豊富。皮膚の保湿、軟化に優れています。皮膚を紫外線から防止し、サポニン成分が殺菌などの作用があります。オイルクレンジングやヘアパックなど多彩な使い方ができる点も魅力です。たんぱく質を柔らかくし、ツヤを出す働きがあるので肌をしなやかに滑らかにするといわれています。

さて、オイルを体に浸透させながら老廃物を浮かし出すことができるバスタイムのマッサージ法をご紹介しましょう。

私は、ひまし油を使いながら緩く続けています。ひまし油は粘度が高く本来ならマッサージには少し不向きなのですが、肌になじみやすく、デトックス効果がある点が気に入って使っています。

重曹とオイルを使ったクレンジングマッサージも疲れた肌を元気にしてくれます。選ぶオイルは、ホホバオイルやスイートアーモンドオイルなどお好みで。季節や体質などに合わせてオイルを変えたりしてもいいと思います。

最近、目の疲れがある私。耳たぶマッサージを念入りにしています。手にオイルをなじませて指で耳をつまんだり折ったりねじったり、お気軽マッサージ。同じく顔、首、肩へ流れるようにマッサージをしてコリをほぐしていきます。ヘアパックや頭皮マッサージも気持ちいい！　傷んだ髪に潤いを与えてくれます。

旅行先では､その土地で育ったオイルを買い求めます。ハワイではククイナッツオイルやココナッツオイル！　体の火照りを冷ますオイルです。ハワイに行くとABCストアなどでも簡単に手に入ります。ククイナッツオイルはさらっと肌になじむオイルで、低刺激なのでデリケート肌や赤ちゃんの肌にもおすすめ。ココナッツオイルは抗酸化作用に優れていて殺菌作用もあり、乾燥や紫外線から肌を守るオイルです。

今回は、キッチンでおなじみのシュガーとオイルを使った「シュガースクラブ」をご紹介いたします。肌本来の保湿力を高めるシュガーとオイルは古い角質や汚れを優しく流してくれます。マッサージ後、洗い流さずそのまま入浴できます。ココナッツとシュガーの甘く優しい自然の香りに、どうぞ今日も癒されますように。

◆ワンポイントアドバイス

オイル素材に慣れたら、精油の香りで心地よさの枠を広げましょう。オイルも精油も100%天然を使います。私はラベンダーがお気に入り。同じ花の精油でも産地によって、香りは異なりますからその日の気分でフローラルなものやシャープなものを選んでいます。ラベンダーはラテン語で「洗う」という意味があります。

笑むのレシピ 5 Happiness and Smiles Recipes 05

ココナッツシュガースクラブ

【材料】
◎ココナッツオイル：50mℓ ◎グラニュー糖または三温糖：150mℓ ◎精油：3 滴
【用意するもの】
◎ボウル ◎保存容器
【作り方】
① ボウルにココナッツオイル、シュガーを入れてよくかき混ぜる。
② ①にお好みで精油を入れ、よくかき混ぜたら出来上がり。
③ ②を保存容器に入れて完成。
【オプション】

シュガーハンドソープを作ってみましょう。空き瓶にグラニュー糖50ｇを入れ、液体せっけん大さじ2を加えてよくかき混ぜれば完成です。手や指先、肘やかかとなどに適量付け、汚れや角質を優しく落とします。

笑むのエッセー *6* Happiness and Smiles Essays 06

せっけん

私は、せっけんの白い泡が好きです。

せっけんのふわふわ泡って、なぜこんなに人を幸せにするのでしょう。

ぬれたタオルにせっけんをこすり付けていくと、小さな泡が大きく膨らみ、その泡で洗う時間はとても幸せです。

人類初のせっけんは、古代ローマ時代、偶然の産物として生まれたといわれています。羊を焼いて神に供える習慣のあったサポー（Sapo）の丘で、したたり落ちた脂肪が木の灰に混ざってせっけんのようなものが出来、それが染み込んだ土は、汚れを落とす不思議な土として珍重されたとのこと。せっけんは油脂をアルカリ剤で煮ると出来るのですが、サポーの丘では熱い木の灰が脂を煮るアルカリ剤の役目を果たしたのでしょう。ちなみに英語のソープ（soap）は、この丘の名前に由来しているそうです。

私は親子講座など、ワークショップの講師も務めています。小さなお子さんとのせっけん作りは毎回うれしい発見があります。

せっけん素地とハーブ抽出液を入れたボウルの中に小さな手を入れてかき混ぜ、思い思い形にする姿。何かを生み出す瞬間ってこのぐらい楽しくって、真剣な眼差しで向かうものだと子どもたちから教わります。自分で作ると思いが込もります。新たな関心が生まれます。これは大人も同じ。作るだけでは終わらないストーリーがその後も続きます。

ママや子どもたちに「お風呂タイムにせっけんで靴下洗ってみてね」と伝えます。子どもたちは水遊び感覚、自分で作ったせっけんで楽しく靴下を洗うことでしょう。きちんと洗えなくていいのです。泡で洗うことを通して、「目で追いかけ手で触る」感覚が新しい発見にもつながります。子どもたちは親が一緒になって楽しんでくれて、自分ができたことを喜んで褒めてくれることで、感情が発達します。これが※「バス育」。ただ体を洗うだけではなく、親子の大切な時間を優しく白い泡たちが包んでくれます。

※バス育：毎日のバスタイムのスキンケア習慣を通して、赤ちゃんの健やかな成長を育むこと。ジョンソン・エンド・ジョンソン株式会社コンシューマーカンパニーが提唱。

仙台には、〈坊っちゃん石鹸〉という伝統的製法で作られた純粋無添加の固形せっけんがあります。大正時代からこの土地で愛されてきた枠練り法のせっけんです。私が仙台へ来て間もないころ、パッケージの特徴的なキャラクターの坊っちゃんに一目ぼれ（笑）。使用感はみずみずしく乾燥肌や肌荒れしやすい肌にもなじむせっけんです。

今回は、カモミールの練りせっけんのレシピをご紹介します。１日の疲れを癒す就寝前のバスタイムに、おすすめです。

◆ワンポイントアドバイス

私のせっけん選びのポイントは、香料、着色料、蛍光剤、保存料など入らず、天然の油で作られたもの。せっけんには、固形せっけん、粉せっけん、液体せっけんの形状があります。泡立ちがよくないと、せっけん本来の効果が薄れますから、手や泡立てネットなどで弾力のある泡を作りましょう。

笑むのレシピ *6*　Happiness and Smiles Recipes 06

カモミールの練りせっけん

【材料】
◎せっけん素地：50g ◎ドライハーブ：10g ◎水：80㎖ ◎ハーブ抽出液：大さじ1
◎ハチミツ（適量）
【用意するもの】
◎片手鍋 ◎食品保存用袋
【作り方】
① 鍋で沸騰させたお湯にドライハーブを入れハーブ抽出液を作る。
② ハーブの色が出てきたら火を止め、ふたをして10分置く。
（ハーブティーのティーパック代用可能）
③ 食品保存用袋などにせっけん素地、こしたハーブ抽出液、ハチミツを入れ、よく揉む。
④ まとまってきたら袋から出し、お好みの形に成形する。
⑤ トッピングにドライハーブなどを付け、風通しのよい場所で乾かし完成。
【特徴】
リンゴのような香りのせっけん。就寝前のバスタイムなどにどうぞ。

笑むのエッセー7

Happiness and Smiles Essays 07

ハーブ

海が見える場所。草木が育つ場所。私は自然あふれる場所で幼少期を過ごしました。幼いころは身の回りにある全ての「自然」がまるごと遊び道具でした。タンポポの綿毛飛ばし。シロツメクサの花冠。フキの葉の雨傘。オシロイバナのお化粧。オオバコの葉っぱ相撲。ナズナを鳴らしたり木登りしてクワの実を食べたり。自然の遊び場が私を育ててくれました。大人になったいまもなお、自然の恵みに癒され、明日へのエネルギーを養っています。

ハーブコーディネーターの資格を取ったのも、こうした記憶が背景にあったからだと思います。ハーブというと、何か特別な印象を持たれる方もいらっしゃいますが、身近にある草たちです。ハーブ＝Herbの語源は、ラテン語で草という意味のヘルバ＝Herbaです。どんな植物にも意味があり、必ずどこかで役に立っています。人もハーブも同じです。私たち自身も自然の一部なのですから。

例えばお庭の厄介者扱いされているドクダミ。これもハーブの一種です。ドクダミは十薬とも呼ばれ、さまざまな薬効があることで知られています。ドクダミの独特なニオイの生葉には抗菌・抗カビ作用があります。

わが家の小さな庭にも5月下旬ごろから初夏にかけて、ドクダミの花が咲きます。ほかの草花と一緒にドクダミを摘んで小ぶりなブーケにすると可憐です。お客さまに「何の花かしら?」と尋ねられ「ドクダミですよ」と返すと驚かれます。

この季節に仕込む「ドクダミ花ローション」をご紹介しましょう。

ドクダミの花が咲くころは、薬草としてのエネルギーが強いと聞いたことがあります。花粉には肌の新陳代謝を促す美容成分がいっぱい含まれていることを聞いてからは毎年仕込んでいます。雨上がりの朝に籠をもって花摘みをします。花が籠いっぱいになったら、保存瓶の半分くらいまで花を入れます。このとき花を水洗いしてはいけません。水洗いすると大切な美容成分が流れてしまいます。35度のホワイトリカーを注ぎ、冷暗所に保管。約３カ月後から使えます。

私は新しいローションを仕込み、１年後に解禁しています。肌ローションとして原液または薄めて使います。肌の状態に合わせてオイル、グリセリン、ハーブウォーターなど加えて調整することもできます。

ラベンダー、ミント、セージ、ローズマリーなどのハーブは、土壌や日差しなどの条件さえ合えば生き生きと育ちます。

私はハーブの香りが窓から入る瞬間が好きです。このハーブたちのおかげなのでしょうか？　殺虫剤など買う習慣がありません。虫を寄せ付けない暮らしを望むならハーブを育てましょう。

ハーブでスッキリ爽やかに過ごしましょう。

◆ワンポイントアドバイス

ハーブを育てることができないときは、ハッカ油やドライハーブを暮らしの中に取り入れるのも手です。ハッカにはスペアミントと呼ばれる「西洋ハッカ」と薬草として古くから使われている「和種ハッカ」があり、どちらもシソ科のハーブです。リラックス効果のある香りには抗菌・防虫の働きもあります。

笑むのレシピ 7 Happiness and Smiles Recipes 07

ハッカの虫よけスプレー

【材料】
◎ホワイトリカー（35 度）：50mℓ ◎ハッカ油：20 滴
【用意するもの】
◎スプレー容器
【作り方】
① スプレー容器にホワイトリカーを入れ、ハッカ油を加える。
② 容器をよく振って混ぜ合わせたら完成。
【使い方】

容器を振って手足にスプレーします。乳幼児の場合は服にスプレー。アルコール分が水や油になじみやすく、キッチンの油汚れにも使用可能です。「素肌にいいものを暮らしのお手入れに使う」が〈暮らナチュ〉のポイント。

【オプション】

ハーブチンキの虫よけスプレーも作ってみましょう。お好みのドライハーブを瓶の半分ほど入れ、ひたひたまでホワイトリカーを注ぎます。瓶の中を動かし冷暗所で3カ月ほど浸出。こして保存。ハーブチンキ10mℓ、精製水40mℓをスプレー容器に入れて1週間をめどに使い切ります。

第2章

心地よいキッチン&サニタリーケア

笑むのエッセー8　Happiness and Smiles Essays 08

キッチンケア

食器洗い、お好きでしょうか？　お好きな方の中には「達成感を感じるから好き」という方もいらっしゃいますし、「泡で食器を洗うのが単純に好き！」という方もいらっしゃいます。このように食器洗いというキーワード一つ取っても皆さんのやり方やセオリーは違います。

「〝笑む〟さんの食器洗いは？」と聞かれることがあります。私の食器洗いのお話から始めましょう。合成洗剤をせっけんに変えて15年ほどになりました。ただ、汚れ具合によってせっけん以外に、自然素材の洗浄剤も使いますし、洗い方も変わります。

毎日の食器洗いは、お気に入りの赤いホーローの桶に入れた米のとぎ汁をブラシに付けサッと洗うと、ほとんどの汚れがこれだけで取れます。油やソースなどのベッタリ汚れは、食器をぬらす前に重曹を振り掛け油を吸収させた後にスクレーパーやキッチンペーパーなどで取り除きます。この油分を落とす作業がとても大切です。油分が取れると、ブラシなども汚れにくく、使用する洗剤や水も少なく済み、肌にも環境にも負担をかけません。油分を吸い取った重曹は、ごみ箱の中でも消臭剤として働き、ニオイを抑えてくれます。

お皿の裏にこびり付いた汚れやカップの茶渋などは、重曹の研磨効果で、指先やラップを丸めたものに重曹を付けてくるくると汚れを撫でるだけで簡単に落ちます。後回しにしないことがキレイの近道です。

ここ数年、食器洗い乾燥機の使用についての質問が増えてきました。私自身、「家族４人が揃って過ごす時間はそう長くはない」と考え、家事と仕事のピーク期を食器洗い乾燥機に手伝ってもらえたら、そんな思いで私も５年前に購入しました。使用して分かった最大のメリットは、除菌、節水、そして時間的なゆとりです。こうして原稿を書いている間も洗ってくれているのですから。デメリットを挙げると、後付けのためビルトインできず、調理スペースが狭くなったこと。私の場合、食器洗い乾燥機の洗浄は重曹を使い、グラスや庫内の水あかはクエン酸で洗っています。

最近、手荒れや主婦湿疹で悩まれている方が多いと感じます。指先を見ると本当に痛そうです。毎日きっちり家事をされ、水に触れる時間が長い方に多い気がします。体質なども関係すると思いますが、対策として、お湯の温度を少し低めに設定する、皮膚の負担を減らすため必要以上に水や洗剤を使わない、洗浄剤の濃度を薄くする、水にぬれた後は保湿をする、こうした水仕事のちょっとした見直しで、症状が改善・回復された方も多くいます。

今回は保湿効果のあるグリセリンを使った「ふんわり香るキッチンソープ」をご紹介します。香りも心地よいので、毎日の食器洗いが楽しくなるはずです。

◆ワンポイントアドバイス

医薬品や化粧品に含まれているグリセリンは、口に入れても安全な無色透明のほんのり甘い液体です。ヤシの実などの天然油脂を原料にした植物性のものと石油を原料にした合成のものがあります。〈暮らしナチュラリスト〉講座では植物性を使います。軟こうやローションの保湿剤、潤滑材として手肌のあかぎれ用にも使われます。油や水にも溶ける穏やかな界面活性の力が、便利に使えます。

笑むのレシピ 8 Happiness and Smiles Recipes 08

ふんわり香るキッチンソープ

【材料】
◎無添加の液体せっけん：350mℓ ◎グリセリン（植物性）：50mℓ ◎精油、ハッカ油：5 ～ 10 滴
【用意するもの】
◎ポンプ式容器
【作り方】
① ポンプ式容器にグリセリンと精油を入れ混ぜる。
② ①に液体せっけんを入れて完成。
【使い方】
食器洗いのほか手洗いなどにも使用できます。

笑むのエッセー9　Happiness and Smiles Essays 09

ハーブビネガー

「重曹でシンクを磨いたら白浮きして…」と、残念そうにお話しされる方いらっしゃいます。

重曹には約３００通りの使い方ができますから、何でもできる万能選手のように感じられるのも当然です。しかし、重曹にも「できること」「できないこと」があるのです。自然素材の個性や癖など、知れば知るほど楽しく、毎日の暮らしに取り入れてみたくなるはずです。

お掃除の基本は「汚れを中和させること」。油汚れや皮脂汚れは酸性汚れなので、アルカリ性の重曹が中和し汚れを落とします。せっけんカスや水あかなどのアルカリ性の汚れは、酸性のクエン酸やビネガーが中和し汚れを落とします。使い方や作用の基本を知って、暮らしをコントロールしましょう。

先の重曹で磨いた後のシンクの白浮きですが、これは油汚れなどが付着したシンクを重曹の研磨作用で磨き、中和・消臭作用で汚れやニオイを取りましたが、水洗いで流し切れなかったアルカリ性の重曹が白く浮き上がり残ってしまったのです。

この場合はもう一つ、次のアクションが必要でした。「クエン酸水（またはビネガー水）をスプレーし、シンクに残った重曹を中和する」こと。仕上げにマイクロファイバークロスなどで水分を拭き取れば完璧です。

ちなみに、クエン酸とビネガーのどちらを使うかは、お好みです。ツンとしたビネガーのニオイが気になる方は無臭のクエン酸を選ぶとよいでしょう。

今回はビネガーにハーブの力を浸出させて作る「ハーブビネガー」のご紹介です。食べられるものだけで作りますから、ドレッシングにしたり、甘みを加えてソースにしたり、スキンケアからハウスケアまで幅広い使い道があります。ラベンダー、ローズ、カモミール、ローズマリーなど、ハーブの成分やそれぞれ固有の色がビネガーに溶けて香る特別なビネガーです。カラーボトルのような色に癒されるに違いありません。

1日の最後、キッチンの仕上げに気になる場所にスプレーをひと吹きする、それだけでも、キレイが明日へつながります。できそうなこと一つ見つかったら続けてみましょう。

◆ワンポイントアドバイス

抗菌作用のあるクエン酸やビネガーと研磨・消臭作用のある重曹を使ったキッチン回りの「毎日のかんたんケア」ご紹介します。クエン酸水（200㎖の水にクエン酸小さじ1）かビネガー水（原液または2倍に薄める）をスプレーボトルで用意します。重曹は粉のまま使用。

●まな板や包丁をキレイに保つ
ぬれたまな板に重曹の粉を振り掛け磨き、ビネガー水（またはクエン酸水）をスプレーし、汚れを浮き上がらせ水ですすぐ。

●グラスをピカピカに保つ
ぬらしたグラスに重曹を振り掛け、水分を極力減らし磨きます。グラスの曇りはグラスをビネガー原液またはクエン酸水につけてから磨く。

●シンクをキレイに保つ
出来てしまった水あかなどの白い曇りにはクエン酸水かビネガー水を吹き掛けラップなどでパック。しばらく時間を置き、水あかを浮かせたあと重曹で磨く。

笑むのレシピ *9* Happiness and Smiles Recipes 09

華やかハーブビネガー

【材料】
◎酢：300mℓ（穀物酢またはリンゴ酢）◎ドライハーブ：大さじ２～
【用意するもの】
◎ふた付きガラス瓶
【作り方】
① 消毒したガラス瓶にハーブとビネガーを入れ密封する。
② ハーブがビネガーに漬かるようにし1日1回混ぜる。
③ 1週間置いたものをこして完成。原液または2倍に薄めて使う。
【使い方】

せっけんシャンプーのときのリンスとして。スキンケアからハウスケアまで幅広く使えます。また、以下のハーブの力を参考に色や香りの調合もお楽しみいただけます。

ローズ…心身のリラックス。美肌アンチエイジング。

ラベンダー…心身の緊張をほぐす。皮膚の活性化を手助け。

カモミール…リンゴに似た甘い香り。皮膚刺激を抑える。安眠。

ローズマリー…シャープな香り。皮膚を活性化「若返りのハーブ」。

笑むのエッセー10　Happiness and Smiles Essays 10

クレンザー

ため込んだ汚れを除去するには、ため込んだ以上の時間とパワーが必要となります。大切なのは「毎日の小さなアクション」。これが暮らしを軽やかにしてくれます。

暮らしているのだから汚れるのは当たり前。乱れるのも当たり前。自分のリズムを大切にする「暮らしの処方箋」が出来ていると、手遅れにならず、ちゃんと心も暮らしもお手当ができるのです。

そこで今回は汚れに応じたキッチンケアのまとめと、ふわふわホイップクレンザーのレシピを紹介します。

キッチンの汚れのお悩みは、大きく分けると「油汚れ」「水あか汚れ」「ニオイや雑菌」の三つに分類されます。対処方法を順にお話します。

油汚れ

油汚れは調理中または調理直後に拭くことが大切です。わが家はＩＨクッキング・ヒーターなので「拭きながら調理」を心がけるだけで効果がすぐ見えます。さらに調理中、油はねが強い瞬間だけ、ふたをするなどして油汚れを防ぐようにしています。コンロの方は調理後、温かいうちに拭けば楽に落ちます。落ちにくい場合は少しぬれたダスターに少量の重曹を付けて磨けばすぐ取れます。換気扇などのベッタリ汚れには、重曹とせっけんの相乗効果で汚れをパックして落とします。

水あか汚れ

水あかは水道水に含まれたカルシウム分などが重なって出来たアルカリ性の汚れです。これはビネガーやクエン酸で落とします。水あかが出来た後に落とすより水あかが出来る前のデイリーケアが効果的。シンク、蛇口、湯沸かしポット、コーヒーメーカー、食洗機の水あか汚れにも使えます。

ニオイや雑菌

ニオイの付いた場所には雑菌がいっぱい。ゴミ受けや排水口は汚れを見逃すとドロドロ汚れと悪臭の原因となります。使った後、小まめな掃除が大切です。

排水口は重曹＋ビネガーでお掃除します。ゴミ受けを外した後に重曹を振り掛けます。重曹の量はゴミ受けのサイズを目安にします。深型のゴミ受けの場合は計量カップ２００㎖、薄型の場合は排水口も浅く掃除しやすいので重曹は少量振り掛ける程度で充分！　そして重曹と同量程度のビネガーを注ぎ込みます。その後、できるだけ長く時間に掃除してもらいます。最低でも30分は必要です。時間が経過したら、たっぷりのお湯を排水口に流すのがポイント！　重曹とビネガーが排水管の中のドロドロ汚れを剥がし落とし、殺菌力のあるお湯が洗い流してくれます。

スポンジ、まな板、冷蔵庫、ごみ箱など気になる場所のニオイや雑菌には、汚れを取り除いた後にビネガースプレーやアルコールスプレーを使いましょう。アルコールは油汚れも溶かし二度拭き要らず！　軽い汚れ落としや消毒殺菌したい場所の仕上げにも安心して使えます。

◆ワンポイントアドバイス

大掃除など、汚れや滞りを大きくリセットした後が、実はとても重要です。このキレイを持続するためには毎日の暮らしの小さなコツや習慣を身に付け、何より「動くこと」が大切！

笑むのレシピ 10 Happiness and Smiles Recipes 10

ふわふわホイップクレンザー

【材料】
◎重曹：200mℓ ◎液体せっけん（無添加）：50mℓ ◎ビネガー：大さじ1（クエン酸の場合は大さじ1の水にクエン酸ひとつまみ溶く）
【用意するもの】
◎ボウル
【作り方】
① 重曹に液体せっけんを加えよくかき混ぜる。
② 粉とせっけんが一つになったら、ビネガーを入れるタイミング。
③ 化学反応でふわふわと泡立ちペースト状からホイップ状になったら完成。
【使い方】

お菓子作りのように、簡単で楽しく出来る、万能パワフルクレンザーです！ ベタベタ油汚れの最強といえば換気扇、汚れた部分に塗って、時間を置いて磨けば、ピカピカに！ スキンケアからハウスケアまで使えます。

笑むのエッセー11

Happiness and Smiles Essays 11

消臭ジェル

この項では、毎日使うキッチン家電のお手入れについてお話しします。

１日の中でも何度も開け閉めする冷蔵庫。庫内の汚れやニオイに「気付くこと」が目に見えない雑菌繁殖を抑えるポイントです。食品や調味料の液だれなど見つけたら、クエン酸水やビネガー水をスプレーし、クロスなどですぐ拭き取ります。

魚や肉などの生鮮品を入れる引き出しなどは、特に念入りにチェックしましょう。庫内がギュウギュウの状態だとお手入れがスムーズにできませんし、汚れにも気づきにくいので、買い物前などスペースがあるときにすると楽に作業できます。賞味期限や鮮度など庫内をチャックしながら進めましょう。

冷蔵庫のドアの扉などは手あかや油汚れなどが付着しやすい場所。少しぬらしたクロスに、重曹を少し付けて撫でるだけで、簡単キレイに！　油煙と埃が混ざり合い付着した冷蔵庫の上のベタベタ汚れも同様です。

そして、ぜひ皆さんにお試しいただきたいのが、重曹を消臭剤として使う方法です。重曹を消臭剤として使うには、空き瓶など重曹を1カップほど入れて置く、たったそれだけです。3カ月を目安に交換します。途中、重曹の粉をかき混ぜ活性化させましょう。

冷蔵庫以外にもシンク下などの収納庫にもおすすめ。重曹の消臭効果と併せ、吸湿効果が気になる場所のニオイやカビを防ぎます。消臭剤の役目を終えた重曹は、お掃除に使います。排水口掃除などいかがでしょう。この消臭剤から排水口掃除の流れが習慣になると快適です。

ところで電子レンジの内部に食品の飛び散りやニオイはありませんか？　汚れをそのままため込んでいると不衛生なだけでなく、ときには故障や火災の原因にもなりますから注意が必要です。電子レンジは「その都度拭く」習慣がキレイの近道ですが、気になるニオイや汚れを感じたら次のような方法をお試しください！

①ビネガー（またはクエン酸水）を1カップ、レンジで3分ほど加熱します。このときラップを掛けないままでＯＫです。

②扉を開けずにレンジ内をビネガーのスチームで蒸らして、汚れやニオイを浮かび上がらせ、取りやすい状態にします。

③庫内が冷めきらないうちにダスターで内部を拭きます。こびり付きはダスターに重曹をほんの少し付け磨いてみましょう。驚くほど、きれいになります。

①で温めたビネガーは排水口掃除の際に使うと、冷たいビネガーよりもパワーアップします。

さて、今回のレシピはアロマカラージェルの作り方。冷蔵庫に眠っている保冷剤の素敵な活用法です。

◆ワンポイントアドバイス

電子レンジの庫内をキレイにする一石二鳥の利用法に「レンジでパスタ」という方法があります。楽チンなので私は一人ごはんのときたまに行います。「電子レンジでふたをせずにパスタを茹でるだけ」蒸気がたっぷり出ますから、パスタを取り出したタイミングでサッとダスターで一拭きすると、浮かび上がった庫内の汚れをキレイに取ることができます。

笑むのレシピ11 Happiness and Smiles Recipes 11

アロマカラージェル

【材料】
◎保冷剤（ジェル状のもの。これは高吸水性ポリマーという物質で消臭剤の中身と同じ）:50g　◎精油:10滴（ハッカ油、グレープフルーツ、ラベンダーなどをミックス）
【用意するもの】
◎ボウル ◎空き瓶 ◎水性絵の具
【作り方】
① 保冷剤の封を開け、ボウルに入れる。
② ①の中にほんの少しだけ絵の具を入れ、割り箸などで混ぜてカラージェルを作る。グラデーションを楽しみたいときはボウルごとにカラージェルを作る。精油もこのタイミングで入れよく混ぜ合わせる。
③ 空き瓶などにジェルを入れる。貝殻やビーズモチーフなどお好みで入れる。
【留意点】
小さなお子さまやペットなど誤飲がない場所に置くようにしましょう！

笑むのエッセー12 Happiness and Smiles Essays 12

かんきつ類

「庭で採ったミカンに重曹掛けて食べていたわぁ」

ある70歳代の女性の子ども時代の記憶。その方のおばあちゃんは、いつも酸っぱいミカンには重曹を振り掛けてくれていたそうです。「おばあちゃんと重曹」が大切な思い出の一コマなのですね。

ミカンの酸っぱさを重曹のアルカリ性が中和し、酸味を和らげていたのですね。当時、重曹はどの家庭にもありました。合成洗剤などない時代、なんにでも使える重曹は大変重宝したそうです。誰もが暮らしの中で、当たり前に自然素材の活用法を身に付けていたのです。

〈暮らしナチュラリスト〉では、身近な「果実のパワー」も暮らしの中に取り入れています。オレンジ、グレープフルーツ、ライム、ユズなどかんきつ類の香りは、誰もが好む爽やかな香りです。香りの主な成分はリモネン。フレッシュな香りを放つだけではなく、リモネンには油を分解する働きがあり、暮らしの中も爽やかにしてくれます。

食器の油汚れの予洗いなど、かんきつ類の皮の白い部分をスクレーパーのようにして油を吸い取ると、その後のスポンジや排水も汚しません。魚グリルの受け皿に水と一緒に皮を入れると気になる魚のニオイを消臭し、油を吸い取るので後片付けが楽です。皮をスポンジ代わりに使うことも一案。皮にはリモネンとクエン酸が含まれているので、シンクや蛇口回りの水あか汚れにも有効です。皮だけで取れない汚れは、皮に重曹や塩の研磨の力をプラスして磨きます。「拭く」「磨く」など、家じゅうのお手入れをかんきつ類の果実が力を発揮します。

今回のレシピは小さなお子さんやペットがいるご家庭におすすめの「ミカン洗剤」です。何より使い手の肌に安心っていいなと思います。「ホットミカン水」は床拭きにおすすめ。ミカン成分が床の汚れを落として、そしてツヤを出してくれます。そしてミカンの皮を煮ている時間がとっても幸せです。ミカンの精油が部屋いっぱいに広がり消臭・芳香の役割もしてくれます。

かんきつ類といえば、先日宮崎の知人からいただいたヒュウガナツ。食べるだけでなく、ヒュウガナツのビネガーを作り、実も皮も暮らしで丸ごと活用しながら宮崎の地に思いをはせています。ヒュウガナツはペクチンの多いかんきつ類ですが、同じくペクチンが豊富なものに宮城県柴田町の日本北限の雨乞《あまご》のユズがあります。これはユズの種化粧水にとても向いています。以前、ご縁あって柴田町主催のユズ講座を担当させていただきましたが、雨乞のユズは寒さを越すため皮が厚いので香りがよいのが特長です。何よりも無農薬だからとても安心なのです。

◆ワンポイントアドバイス

ユズの種化粧水の作り方は次のとおりです。

①ユズの種を集めます。ぬるぬる成分がペクチンですので、種は洗わず使います。

②消毒した瓶に種を入れ、35度のホワイトリカーを加える。種とホワイトリカーの割合は1対2が目安です。

③2、3カ月でとろみが出ます。こして精製水などで薄めて完成。原液での使用も可。必ずパッチテストしてから使用しましょう。

笑むのレシピ 12 Happiness and Smiles Recipes 12

ホットミカン水

【材料】

◎ミカン：4 個　◎水：200 m l

【用意するもの】

◎鍋 ◎ネット

【作り方】

① 鍋に手でちぎったミカンの皮と水を入れる。

② コトコト煮るとミカンが柔らかくなりお湯の色もミカン色になる。

③ 10分くらい煮ると濃いミカン水が出来る。

④ ミカン水をネットなどで濾して完成。

【使い方】

スプレー容器などに入れてスプレーしながら乾いたダスターで拭きあげる。

【オプション】

ホットミカン水で作るミカンクレンザーを作ってみましょう。冷めたホットミカン水に重曹の粉（ホットミカン水と同量程度）を混ぜる、お好みの固さのペーストにして完成。ため込んだ油汚れにペーストをパックし使います。シンクや浴槽などの磨き剤としても使えますし、ミカンの入浴剤としてもおすすめです。

笑むのエッセー13 Happiness and Smiles Essays 13

がんづき

宮城県のソウルフード（郷土料理）、がんづき。仙台へ来て知った郷土菓子です。生地は「蒸パンのような食感」と「ウイロウのような食感」の2種類のタイプがあります。基本の材料はどちらも同じですが、蒸しパンタイプは生地に重曹と酢がプラスされています。

関東では、蒸しパンタイプがなじみいいかもしれません。蒸しパンとがんづきの違いはベーキングパウダーと重曹の使い方にあるようです。さまざまなレシピがありますが、蒸しパンはベーキングパウダーと重曹をダブル使いすることで、うっすら色付き大きく膨らみます。がんづきは重曹と酢の発泡作用を利用して作るお菓子なのです。炭酸ガスを出すので、色よく、生地がふっくら仕上ります。

ベーキングパウダーと重曹。お菓子に使う上での違いやコツは次のようなものです。

アルカリ100％の重曹に比べ、ベーキングパウダーはアルカリと酸が同居しています。アルカリと酸がくっつくとすぐに化学反応が起きるので二つを離す壁として隔離材（小麦粉やコンスターチ）を配合、そこに水が加わるとこの壁が崩れ化学反応が始まる仕組み。火を加えなくても二酸化炭素をどんどん作り始めます。混ぜてものんびり生地を寝かせておける重曹に対して、ベーキングパウダーは混ぜたらなるべく早めに焼くのがコツです。なお、重曹は生地を横に、ベーキングパウダーは生地を縦に膨らませる特性があります。

素材の特性を知り使い分けることでお菓子は生れるのですね。手作りの楽しさは自分の手で素材を組み合わせて形にしていくことです。そして素材が見える安心です。

実は私が担当する「がんづき作り」も笑顔が絶えない講座の一つです。「食」を通じることによって誰もが笑顔になります。

がんづきの甘い香りの蒸気の中、蒸し上がるまでの25分、そして火を止めて待つこと10分がなんと幸せなことでしょう！　この待ち時間の間にいま、使ったばかりの重曹と酢の特性や暮らしの中で楽しく使える方法をお伝えしています。

「お子さんと一緒に」「お孫さんと一緒に」簡単で楽しい昔ながらのお菓子を手作りしてみませんか？　蒸す型やトッピングを変えると「オリジナルがんづき」になります。オイルを変えるだけでもまた変化が生まれます。ちなみに私はココナッツオイルと完熟バナナの組み合わせが気に入っています。

食品レベルの重曹だから楽しみもどんどん膨らみます。

「食べるもので暮らす」重曹は、お料理の下ごしらえ（くさみ・あく抜き、ぬめり取り、発色など）にも使えます。

家族の集うキッチン！

湯気の向こう側にも笑顔ふくらみますように。

◆ワンポイントアドバイス

果物や野菜の皮に残った農薬やワックス剤には重曹の研磨作用でこすり洗いをすると安心です。葉もの野菜を色よくゆでたり、お肉のタンパク質を分解して軟らかくしたり、お料理にも幅広く使えるのが重曹です。

笑むのレシピ 13 Happiness and Smiles Recipes 13

オリジナルがんづき

【材料】
◎卵：1 個 ◎牛乳：100mℓ ◎酢：50mℓ ◎サラダ油：大さじ 1/2 ◎重曹：5 g
◎黒糖：100mℓ ◎小麦粉：150mℓ
【用意するもの】
◎ざる ◎クッキングシート ◎ボウル ◎布巾
【作り方】
① 蒸し器に水を入れて温めておく。
② ボウルに卵、牛乳、酢、サラダ油を入れる。ここでは混ぜずに材料を入れるだけ。
③ ②のボウルに重曹を加えたら、一気に混ぜ合わせる。
④ 重曹と酢が化学反応してブクブク泡立ってきたら黒糖を加えしっかり混ぜる。
⑤ 黒糖が混ざったら小麦粉を加えてしっかり混ぜる。
⑥ クッキングシートを敷いた型やカップに⑤を流し込みクルミやゴマを振り掛ける。
⑦ 蒸し器に入れ中火で25分ほどフキンを掛けて蒸し、火を止めて10分蒸す。
⑧ 竹串を刺して、生地が付いてこなければ、がんづきの完成！

笑むのエッセー14
Happiness and Smiles Essays 14

洗面所のお片づけ

洗面所は家の中では決して大きな空間とはいえませんが、家族全員で使う場所なので物がたくさん集まりがちです。洗剤の買い置き、化粧品、歯ブラシ、お掃除グッズ、ドライヤーに、入浴剤など、挙げたら切りがありません。そのため洗面台の回りには整髪料、化粧水、乳液、歯磨きが出しっ放しになっていませんか？

それは収納にモノが入りきらないため起きている現象です。一人暮らしなら気にならないかもしれませんが、４人家族ならどうでしょう？　４人分増えていきますから、アッという間に洗面台はモノだらけになってしまいます。

また、洗剤はいくつ在庫をお持ちですか？　お歳暮やお中元で頂いたのを忘れて買い足したりしていませんか。私が個人宅に整理収納サービスに伺うと、必ずといっていいほどたくさんあるのがお風呂用洗剤です。どうして忘れてしまうのでしょう？　それは収納の奥の奥にしまって見つけられなくなっているからです。皆さんも「あると分かっていたら買わなかった！」という経験ありませんか。

そしてもう一つ、洗面所でよく目にするのはタオルが収納に入りきらず床置きにされていたり、雪崩が起きたりしている現象です。皆さんのお宅は大丈夫でしょうか？

女性なら誰でも水回りはキレイに保ちたいもの。ましてやお客さまも使う洗面所はなおのことですよね。では、どうしたらいいのでしょうか？

まずは、洗面所に置かれているモノを見直して、置かれているモノは洗面所にあると便利なモノかどうか、一つ一つ確認してみましょう。洗剤なら買い置きを1点だけ、化粧品ならいま使っているモノだけにして、タオルなら家族の人数×2というように、家に合った数だけ置いてはいかがでしょうか？　洗面所の収納が少ないのであれば収納に収まる分だけモノを入れ、入りきらないモノはほかの場所へ保管する方法もあります。

モノが床置きされていたり、洗面台にモノがたくさん置かれているから散らかって見えるのであって、モノが全部引き出しや扉の中に収まっていたら、散らかっているようには見えません。

モノを見直したり、片づけることは大変ですが、意識しないとモノは延々と増え続けます。

わが家は決して広い洗面所ではありませんが、片づけたことで、親子並んで洗面台の前に立てるようになり、ほんの数分ですが、親子の会話も生まれました（笑）。また、モノが少なくなったおかげで、床置きがなくなり掃除が楽になりました。いままでは好きな小物を飾って模様替えも楽しんでいます。

片づけたことで得られた効果を、これからも存分に味わっていきたいと思っています。

皆さんも一緒にお片付けの効果を味わってみませんか？

◆ワンポイントアドバイス

モノの数や収納場所を見直したりお片づけをすることで、何よりも、「時間」「空間」「お金」「気持ち」に余裕が生まれてきます。これが大きなメリットです。

笑むのレシピ 14 Happiness and Smiles Recipes 14

洗面所の整理収納

【洗面台の上】
◎洗面台の上の収納部分に家族それぞれのコーナーを作りましょう。使ったものは自分で片付けることができ、置く場所が固定されるので、探し物もなくなります。
【洗面台の下】
◎引出し
洗面台の引き出しの空間はうまく使えない方が多いようです。100円ショップのプラカゴなどを使って仕切ってみてください。モノが動いて混ざることがないので見た目もキレイを保つことができます。
◎収納
扉の収納は高さや奥行きがあって使いにくいですね。中途半端に上の部分があいていませんか。縦長の収納は棚などを使い、上下で仕切るとうまく空間を使うことができますから、スペースに合わせて工夫してみましょう。

笑むのエッセー15 Happiness and Smiles Essays 15

エアスプレー

毎日のお洗濯がとても楽な時代になりました。私の子どものころは２槽式の洗濯機が家にありました。「汚れの少ないもの、白いものから洗うこと」を母から教えられました。いまのように全てお任せではない時代、一つ一つの汚れ具合や色など仕分けしながら洗濯をしていた時代です。下着や靴下、ハンカチなど…小さな洗濯ものは、お風呂場で洗うことも母から学びました。ハンカチは窓などにペタッと貼って…乾くとアイロンを掛けたようにひらりと落ちて。洗濯にまつわるエピソードも思い出の一つとなっています。

いまや洗濯機はさまざまな機種があり多彩な機能があふれています。洗濯機を選ぶときはデザイン性だけではなく、例えばタテ型は洗濯物同士を擦り合せて汚れを落とすので「泥汚れなどの固形汚れが多いわが家はコレね」と選んだり、「皮脂汚れが多いからドラム式」など、汚れのタイプや傾向を知ることで、より暮らしに合う洗濯機を選ぶこともできます。

さてここで、洗濯の基本を学びましょう。

「汚れを落とす」ということは「水」「洗剤」「水流」の三つのパワーで汚れを落とすということです。衣類は水にぬれると繊維が水で膨らみ汚れが溶け出します。水だけで約50％の汚れが落ちるといわれています。

水だけでは落ちない皮脂汚れなど油分を含んだ汚れを落とすのが洗剤の役割。洗剤の主成分の界面活性剤は油と水を混ざりやすくして汚れと繊維の間に入り込み、汚れを包み込み引き剥がしながら分散させ、再付着を防ぎます。

そして水流。手洗いによる押し洗いやもみ洗い、洗濯機によるかくはん洗い、たたき洗いなど物理的な力で汚れを落とします。

次に洗剤の種類と特徴についてお話ししましょう。

粉末洗剤（弱アルカリ性）　液体よりアルカリ度が強く洗浄力は高め。汚れが目立ちやすい白物やワイシャツなどの洗濯に。粉末洗剤の溶け残しは洗濯槽のカビの原因となります。水にしっかり溶かして使うこと。

液体洗剤（弱アルカリ性）　粉末よりも洗浄力穏やか。水に溶けやすく色柄ものにも使えます。

液体洗剤（中性）　アルカリ洗剤より洗浄力弱め。衣類を痛めにくいのでおしゃれ着洗いに。

固形せっけん（弱アルカリ性）　植物や天然油脂がベースで洗浄力が高い。衣類にこすり付けからませて落とすので頑固汚れや下洗いに。

一方、重曹（pH8）やセスキ炭酸ソーダ（pH10）は弱アルカリ性で、自然界にそのままの形で存在する「無機物」ですから、「生分解」が不要で自然界に負担をかけにくい特徴があります（せっけんや合成洗剤は油脂や石油などの「有機物」から作られています）。

私は、一度着ただけのおしゃれ着などは洗わずに、今回ご紹介する「香るエアスプレー」だけすることもあります。抗菌効果あるエタノールに精油をプラスすると、衣類も空気も同時に洗えます。

◆ワンポイントアドバイス

最近、香りの洗浄剤などが大人気です。しかし、本来の汚れやニオイを「洗う」という基本をクリアしてから、いい香りをまとうようにしましょう。

笑むのレシピ15 Happiness and Smiles Recipes 15

香るエアスプレー

【洗面台の上】
◎無水エタノール：5mℓ ◎精製水：45mℓ ◎精油：ラベンダー、ティートリー、ハッカ油など３～５滴
【用意するもの】
◎スプレー容器
【作り方】
① スプレー容器に無水エタノールをいれ精油を加えて混ぜ合わせる。
② ①に精製水を加えよく振って完成。
【使い方】
ラベンダー：リラックスをもたらす香り。清潔にしたい場所に。万能ハーブ。
ティートリー：スッキリしたクールな香り。抗菌・抗ウィルスに役立つハーブ。
ミント：シャープな香り空気を切りかえる。抗菌・消臭・虫よけハーブ。
【留意点】
精油の使用に当たっては、刺激があるときは使用を中止しましょう。精油の原液を直接肌に塗ってはいけません。精油は子どもやペットの手の届かない場所に置きましょう。

笑むのエッセー16 Happiness and Smiles Essays 16

アロマ柔軟剤

洗濯機では落としきれない汚れ。「固形せっけんで洗ったら落ちた！」そんな経験お持ちの方、多いのではないでしょうか？

わが家の次男は小学1年生から12年間サッカー少年でした。洗濯は泥や泥はね、ニオイとの闘いの日々でした。そこでわが家の洗濯方法を参考までにお伝えいたします。

皮脂汚れ　ワイシャツの襟や袖口の汚れた部分は、ホット重曹水（ぬるま湯2ℓに重曹大さじ1）やお湯で湿らせた後、固形せっけんを擦り付けてブラシなどで軽くこすり、そのまま洗濯機へ。40℃くらいのお湯が適温で、汚れ落ちがいいようです。特に汚れが気になる場合は、軽くこすり合わせた後、次の朝まで重曹水につけ置き〝時間に予洗いしてもらう〟方法がおすすめです。

泥汚れ　時間の経過で汚れが落ちにくい繊維シミに変化しますから、そうなる前に手当します。泥や砂のついた靴下は繊維に絡まる前、ぬらさずブラシなどで泥や砂をかき出します。

シミ汚れ　重曹＋酸素系漂白剤です。汚れのポイントを湿らせ、固形せっけんで軽く洗った後、シミ部分に漂白ペーストをパックします。

黄ばみ　酸素系漂白剤を使います。酸素系漂白剤は普通に洗濯しても落ちないシミや頑固な汚れ、黄ばみ、黒ずみを分解します。

汗　水に溶けやすい汚れなので、バスタオルなど軽い汚れの場合、水に重曹を入れて、つけおくだけでも落とすことができます。

いつも同じ方法ではなく、その時々の汚れを知ることで簡単に落ちる汚れもあります。ニオイ、黄ばみ、皮脂をしっかり落とす「アルカリ洗濯」は快適です。洗濯と同時に洗濯槽も洗うのでキレイが続きます。しかもすすぎは一回ですから時間も水も少なくて済みます。

アルカリ洗剤（重曹、セスキ炭酸ソーダ、酸素系漂白剤）にはクエン酸やビネガーをリンス剤として使います。酸性のリンス剤はアルカリを中和してすすぎをよくし、繊維を整える効果があります。

使い方は洗濯機の柔軟剤ポケットに（10ℓの水に対しクエン酸小さじ1〜2）少しの水で薄めて入れます。

今回は、ふんわり香るナチュラル柔軟剤をご紹介します。合成柔軟剤が苦手な方からも喜びの声が届いています。

◆ワンポイントアドバイス

本来、アルカリ洗剤を使用した洗濯の場合、繊維が自然に柔らかく保たれるので、リンス剤を使用しなくてもよいのです。しかし合成洗剤からのシフト間もない方や、よりソフトに仕上げたい方は、リンス剤としてクエン酸やビネガーをお使いください。

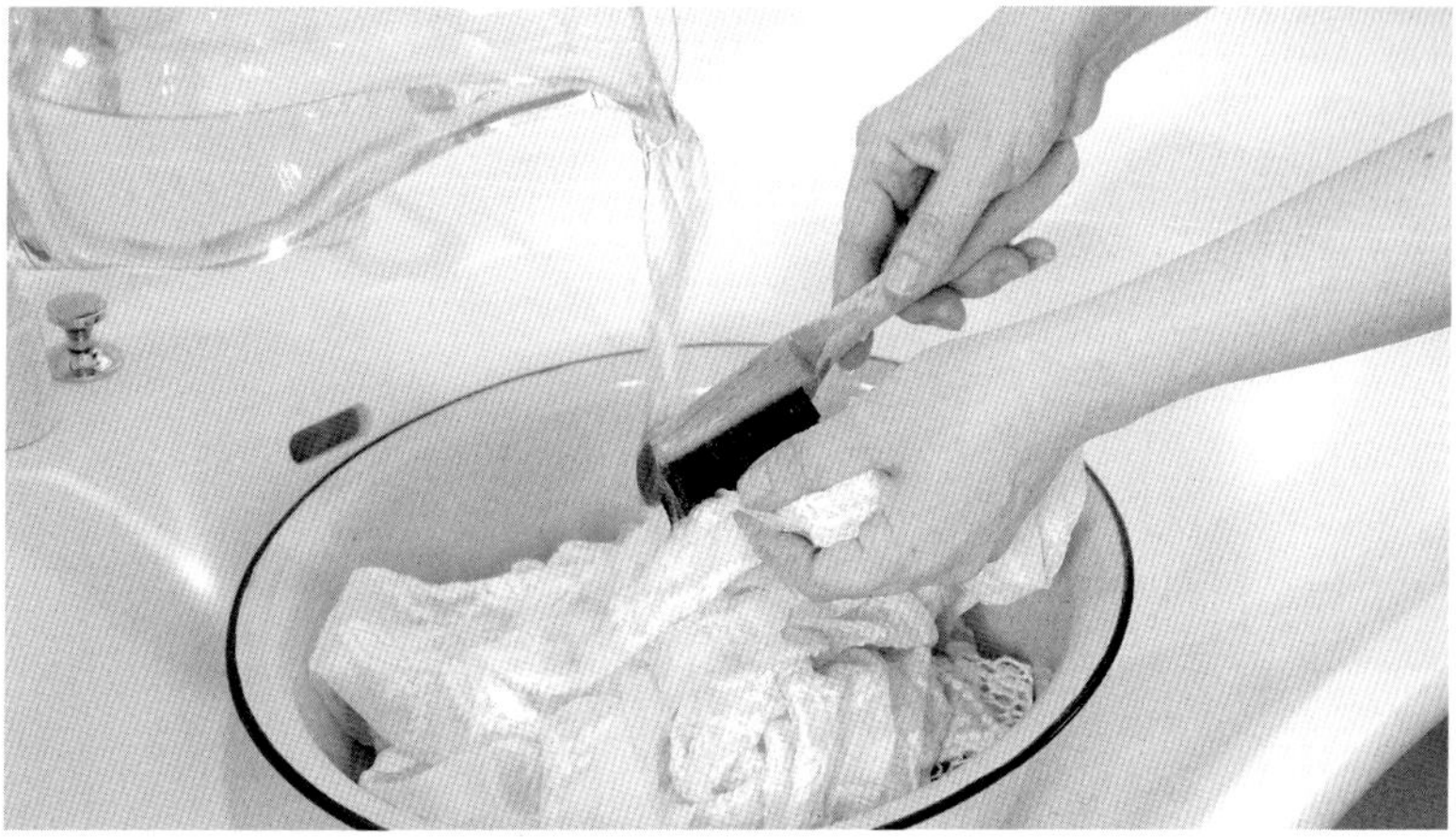

笑むのレシピ 16 Happiness and Smiles Recipes 16

ナチュラル柔軟剤

【材料】

◎クエン酸：大さじ 2 ◎グリセリン：大さじ 2 ◎精製水 150mℓ ◎精油：ラベンダー、ティートリー、ユーカリ、ローズマリーなど：数滴

【用意するもの】

◎ふた付きの瓶

【作り方】

① 瓶など容器の中にグリセリンとクエン酸を入れる。

② ①に精油を加えよく混ぜる。

③ ②に水を入れて完成。

【使い方】

1回使用量は大さじ1、2杯程度を調整して使う。ウォータータイプは高温で香りが飛ぶので、乾燥機や直射日光よりお部屋干しがおすすめ。せっけんシャンプーのリンス剤や化粧水などとしても使用も可能。2週間をめどに使い切ること。パウダータイプの柔軟剤は、クエン酸（450mℓ）にトレハロース（10mℓ）と精油を数滴加えます。衣類消臭や保湿性がプラスされます。

笑むのエッセー17
Happiness and Smiles Essays 17

洗濯槽ケア

洗ったばかりの洗濯物に「黒いわかめのようなもの」が付くことありせんか？洗濯槽から剥がれ落ちた黒カビが原因かもしれません。毎日洗濯し、常に衛生を心がけていても洗濯槽の汚れは、うっかり見落としがちです！

洗濯槽の黒カビはせっけんカスや繊維などの上に雑菌が付いて繁殖してできたものです。見える汚れの黒カビのほかにも、目に見えない雑菌がいっぱい隠れています。洗浄剤や洗濯方法を変えても、原因を除去しない限り、事態は改善されません。アレルギー性の病気にお悩みの方は特に洗濯槽の掃除（槽洗浄）を心がけましょう。

ここで洗濯槽ケアの基本について列記しておきましょう。カビはアルカリ性が苦手！　アルカリ剤を日常的に使うことがカビケアのポイントです。

①毎日の小さな習慣から黒カビを防ぐこともできます。例えば重曹入浴剤の残り湯を洗濯に使う、これも洗濯槽のカビ予防に好循環な流れです。40℃前後のぬるま湯は洗剤や汚れを溶かし落しますから、水で洗うより効果的です。

②洗濯槽内の湿気を少なくしてカビの発生を抑えるためにも使用後はふたを開けて乾燥させます。

③使用後、洗濯槽内に吸湿・消臭効果ある重曹を適量振り掛けます。湿気やニオイを取り次の洗濯にも使えます。

④殺菌効果のある酸素系漂白剤もおすすめです。使用する酸素系漂白剤は合成界面活性剤が入らない「過炭素ナトリウム１００％」を選びます。酸素系漂白剤で洗濯槽を掃除する方法は、洗濯槽の最高水位まで40℃～50℃くらいのお湯を張り、４００～５００㎖の酸素系漂白剤を入れて5分くらい回転させ止め、一晩時間を置きます。翌朝5分ほど回転させ、すすぎます。黒カビ汚れが多いときは古いタオルなどを洗濯槽に入れ、汚れを巻き取らせるようにします。「ため込んだ汚れは一度ではキレイになりません！」。槽洗浄後は洗濯機を使うたびに、黒カビが剥がれ落ちることがあります。

私はあるテレビ取材で10年以上一度も洗っていない洗濯槽と対面しました。比較的軽い汚れの場合は酸素系漂白剤を入れ、初めの5分で黒い汚れなどが水中に浮上してきますが、その現場では一向に現れませんでした。取材という限られた時間内でしたが、つけ置きを試み1時間後くらいにふたを開けるとゴソッと黒いカビが怖いほど浮かんでいました。

汚れをため込むとリセットの際に時間と苦痛を伴います。汚れをため込まないことは衛生的で、快適です。

梅雨時期は月に1度、その以外は2、3カ月に一度の洗濯槽の掃除を心がけましょう。「酸素系漂白剤」は酸化による殺菌・漂白を可能にします。

今回は衣類やバスルームのカビ取りもできる酸素系漂白剤で作る「漂白ペースト」をご紹介いたします。

◆ワンポイントアドバイス

一度、洗濯槽をキレイにリセットしましたら、酸素系漂白剤の量を減らすこともできます。その他、クエン酸２００㎖またはビネガー４００㎖に１時間程度つけ置く方法もあります。

笑むのレシピ 17 Happiness and Smiles Recipes 17

漂白ペースト

【材料】

◎重曹：大さじ２ ◎酸素系漂白剤：大さじ２ ◎お湯：少々

【用意するもの】

◎ボウル ◎ラップ

【作り方】

① 重曹と酸素系漂白剤1：1の割合でボウルなどの容器に入れ混ぜる。

② ①にお湯を少しずつ入れながら粉をペースト状にする。

【使い方】

汚れを落としたい部分にペーストを塗り、乾燥しないようにラップをする。パックしたまま30分以上時間を置き、その後、水で洗い流す。黄ばみやシミ抜きなどに使う場合、それ以外の汚れが付着していると、酸素系漂白剤がその汚れを最優先して落とすことがあるので、ホット重曹水の溶液にせっけんを入れて汗や皮脂を洗い流すなど、予洗いしてから行うこと。

笑むのエッセー18　Happiness and Smiles Essays 18

キッチンのキレイを保つ

キッチンは女性にとって「お城」と表現されているくらい大事な場所です。家族の健康を守り笑顔が生まれる場所でもあるので、なおのこと使いやすくキレイなキッチンにしたいですよね。

でも、現実はどうでしょう。仕事や子育てに忙しくて、料理を作り、後片付けするので手一杯。モデルルームのようなキッチンを目指したいと思っていても、夢のまた夢ではないでしょうか。では、どうしてキッチンをキレイな状態に保てないのでしょう。

それはたくさんのモノがキッチンにあるからです。お鍋は幾つありますか。お玉やしゃもじ、全部使っていますか。引き出しの中には衝動買いしてしまった便利グッズやコンビニでもらった割り箸やスプーンがたまっていませんか。

思い出してみてください。モデルルームにはコンビニでもらったスプーンやお箸はありますか。ありませんよね。引き出しの中はぐちゃぐちゃでしたか。いえ、キレイに並べられていましたよね。キッチンをキレイに保ちたいのであればモノの数を減らすことが一番の近道です。

とはいえ、なかなか数を減らせないという方も多いと思います。そういう方はコンビニでもらったお箸、スプーンなどいまあるモノを使い切ることから始めてみてください。「モノを増やさない」という発想で、必要ではない限りもらわないようにする。そうすることで、家のモノは確実に減っていきます。なんでもすぐ手に入る便利な世の中ですが、一度、家に入るとモノは自分から出て行きません。ずっと家の中に居座ります。便利グッズなど一度使っただけで二度と使わないようなモノは、衝動買いしないよう気をつけましょう。

キッチンをキレイに保つためにお伝えしたいことがもう一つ。「動線」についてです。キッチンが使いづらいと感じていらっしゃる方の大半は動線が長かったり、複雑になっていることが多いようです。そのため片付けが億劫になり、モノが出しっ放しになりがちです。よく使う鍋が高い位置にあり、取り出しにくく、しまいにくくなっていないか、食器棚はキッチンから離れたところに置いていないかなど、動線を見直してみてください。動線が改善されると格段にキッチンは使いやすく、片づけやすくなります。

このとき、小さいお子さんがいるご家庭ではもうひと工夫をおすすめします。お子さんがお手伝いしやすい仕組みを作るのです。例えば、お子さんが使う食器は自分で出し入れしやすい高さに置くとか。わが家では食器の位置が決まっています。子どもたちもどこにどの食器が置いてあるか分かっているので、私がサラダを作っていればサラダボウルや取り皿を出したり、カレーを作っているとカレー皿を出してお手伝いしてくれました。

お子さんにお手伝いしてほしいと願うなら、「手伝いやすい仕組みを作る」、これが大事です。動線の見直しと一緒にチャレンジしてみてくださいね。

◆ワンポイントアドバイス

キッチンは家族の健康を守り、絆を深める場所です。でもそのキッチンが汚れていたり、モノだらけではお食事を作るのも億劫になり、絆を深めることもできません。少しずつできる範囲で使いやすいキッチンに見直していきましょう。慌てる必要はありません。ローマは一日にしてならず。お城はゆっくり使いやすさを追求してください。

笑むのレシピ 18 Happiness and Smiles Recipes 18

キッチンの整理収納

【キッチンのキレイを保つ九箇条】
◎取り出しやすく、しまいやすい高さによく使うモノを置く。
◎しゃもじやお玉は数を決める。
◎便利グッズは使うモノだけ持つ。
◎年に一度しか使わないお鍋などは置く場所の見直しをする。
◎モノの住所を固定する。
◎子どもがお手伝いしやすい仕組みを作る。
◎重たいものは下に置く。
◎テーブルには花などを飾りモノ置き場ではないことをアピール。
◎床置きをなくす。

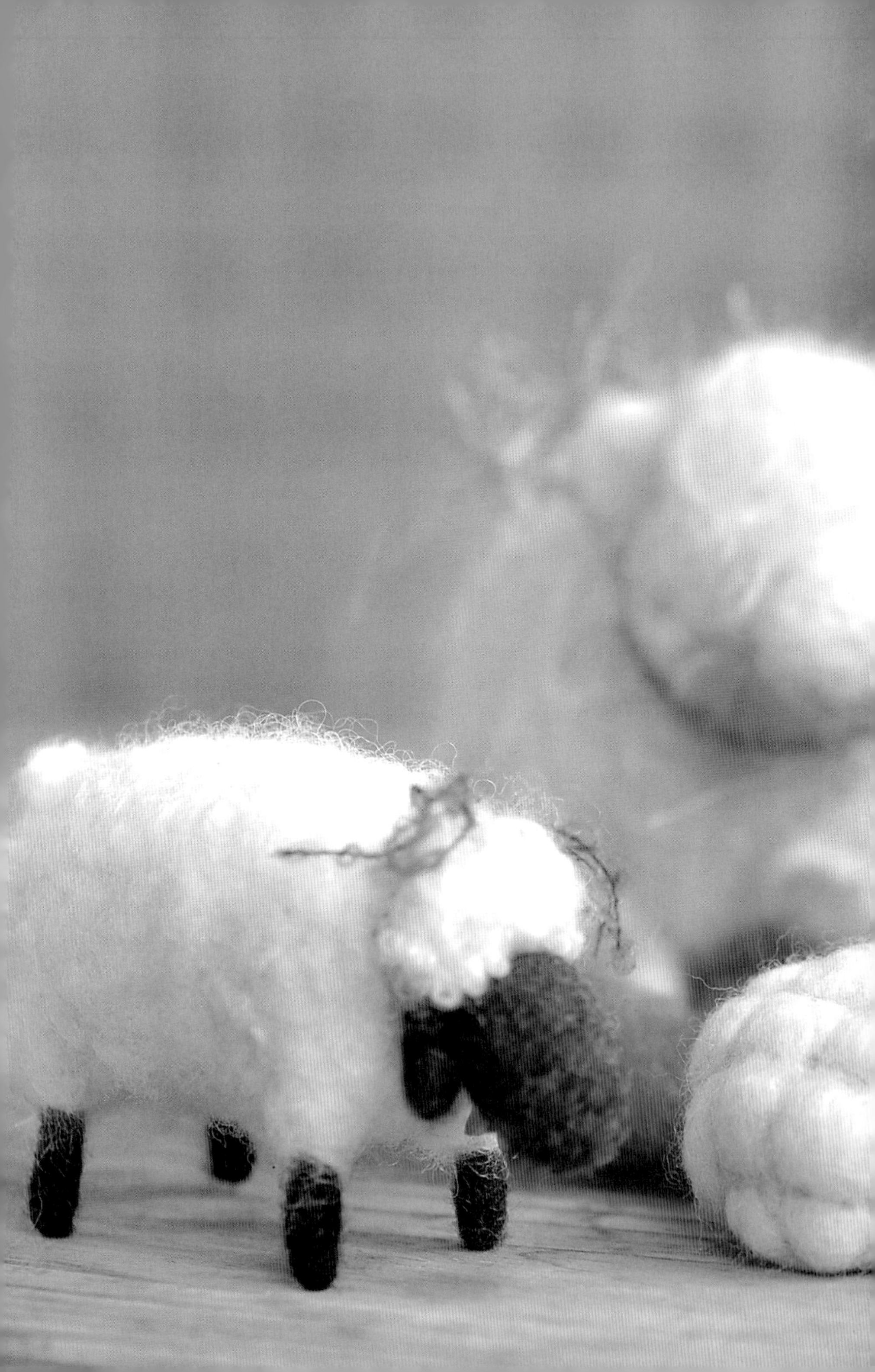

第3章

心地よい暮らしケア

笑むのエッセー19　Happiness and Smiles Essays 19

ハッピーお掃除（玄関とトイレ）

「お掃除しなきゃ！」と思いつつ、気持ちが乗らないままでいませんか？「家の状況は私たちの心の状況を映しだしている」と言われていますが、私も感じます。〈暮らしナチュ〉講座をご受講される方の多くが「毎日の暮らしをもっと心地よくする」ためのステップアップを望まれています。〈暮らしナチュ〉でお伝えしているものは、実は「お掃除」という考え方ではないのです。「暮らしに手を入れる」という「お手入れの心」という考え方をお伝えしています。

乱れた暮らしに心を向けることは辛い作業です。いやいや掃除するよりも「こんなに私、疲れていたのね（笑）」と「いま」を認め、自分をいたわるように手を入れる！　手を入れキレイになった場所はとてもすがすがしく何より、自分が気持ちいいものです！

どこから手をつけていいのか分からない方のために、昔から運を引き寄せるハッピーポイントと言われている「玄関とトイレ」のお話をしましょう。

毎朝私は玄関とトイレを軽くお手入れしています。毎日続けるポイントは「重荷にならないこと」が大切。

玄関は日常的に家族が出入りしたり、お客さまをお迎えしたりしますから、整えることは大切です。玄関掃除のポイントは「靴の整理」「ニオイと湿気対策」です。玄関に入ったときに、目に飛び込む乱雑に脱ぎ捨てられた靴の数々、鼻を突くこもったニオイ…。こうしたことは自分の家よりも、よそのお宅に伺ったときの方が感じやすいものです。

靴は必要最小限を残し、後は靴箱に入れます。靴箱はニオイがこもる場所の一つです。汚れたままの靴、ぬれたままの靴などは靴にダメージを与えるばかりか、カビやニオイの原因になります。「消臭」「吸湿」効果のある重曹を使いましょう！　雑貨を組み合わせて玄関をナチュラルに演出することもできます。今回は重曹＋アロマの〝シューズキーパー〟のレシピのご紹介です。〝シューズキーパー〟としてだけではなくさまざまな場所で使えます。

さて、わが家の玄関。赤い持ち手がアクセントのドイツ製ほうきで、掃き掃除をしています。壁にさり気なく掛けていても絵になるほうきです。お客さまから「かわいいですねぇ」とお褒めの言葉をいただきます。毎日使うものは「見える収納」、すぐ使えることが私の基準。

玄関が運の入口だとすればトイレは運を上げるところ。トイレにはいつも重曹とクエン酸水を常備してキレイを保ちます。重曹は便器や水受けの汚れ取りにも使います。クエン酸水はトイレの床、便器まわりのニオイや汚れ取りに使います。重曹とクエン酸水のダブル使いは、気になるトイレブラシの衛生にも役立ちます。

トイレは清潔にすることで運気も気分も軽やかに上昇する場所。「毎日できそうな小さな習慣」を自ら選び、続けることで、ハッピーな毎日を手にできたとしたら、それはとても幸せなことだと思いませんか？

◆ワンポイントアドバイス

アロマ重曹を瓶に入れ、レースでふたをしてリボンを掛けます。これはトイレの消臭・吸湿剤となり、取りかえ目安は３カ月です。便器のクレンザーとしても使えます。

笑むのレシピ19 Happiness and Smiles Recipes 19

香るシューズキーパー

【材料】
〈靴下タイプ〉
◎重曹 ◎精油：ハッカ油など
〈サシェタイプ〉
◎重曹 ◎精油：ハッカ油など
【用意するもの】
◎ボウル ◎靴下やハギレ ◎輪ゴム ◎お茶パック ◎造花など
【作り方】
① ボウルに重曹と精油、お好みでドライハーブを適量入れる。
② ①を靴下や布に入れる（目安分量は計量カップ 1）。
　こぼれやすい場合お茶パック数個に入れる。
③ 靴下や布の入口を輪ゴムで一度留めたあとリボンや造花で飾る。
【使い方】

香るシューズキーパー（香りサシェ）は、靴用にはもちろん、車の消臭芳香剤としてもおすすめ。2、3カ月で消臭・吸湿を終えた粉は、排水口のお手入れなどに使用。

笑むのエッセー20
Happiness and Smiles Essays 20

ハッピーお掃除（リビングとバスルーム）

家族や友人、笑顔が集まるリビングそしてキッチン。「家の中で大好きな場所、心地よい場所」をお聞きしますと、「リビング」や「キッチン」と答える方が多いようです。最近はリビングとキッチンが一体化している間取りが多いので、全て丸見えで急な来客に慌てるときがあります。モノは隠せてもニオイが残るということもあります。ニオイは繊維に付着しやすいものです。カーテンやラグなど面積を広く占めるものをキレイにすると空気が変わります。

ラグなどのニオイや汚れにはアロマ重曹。重曹1カップに精油を10滴ほど入れてよくかき混ぜたものをラグなどに振り掛けて使います。ブラシや手のひらで粉をなじませて広げましょう。30分くらい時間を置き掃除機で吸い取ります。ハッカやレモンなどを選ぶとダニを抑制し、部屋じゅうにいい香りが広がります。

床の拭き掃除では、私は塩をほんのひとつまみ入れた「清め掃除」しています。天然塩はアルカリ性ですから酸性の皮脂汚れを落とします。

窓ガラスを磨くときは、アロマクエン酸水がおすすめ。スプレー容器に入れた200㎖の水にクエン酸小さじ1、精油を数滴加えて出来上がり。これをシュッとスプレーして、けば立たないダスターで拭き上げます。蚊の嫌いなラベンダーやゼラニウムの精油を加えたり、実際に窓辺で育てることで虫を寄せ付けない暮らしができます。

次に毎日のバスタイムをハッピー目線で見てみましょう。疲れがあるときは「重曹＋塩」で浄化します。私のお気に入りの塩はヒマラヤのピンク岩塩。「女性のための塩」といわれています。疲労回復にはブラック岩塩もおすすめです。硫黄の香りが漂い自宅が温泉に早変わり。デトックス効果も期待できます。

最近私は、ソルトスクラブを使い、足や足裏マッサージを始めました。気持ちよいセルフマッサージで気分もリフレッシュします。

皆さん！「バスルームの鏡は曇っていませんか？」軽い曇り汚れはクエン酸スプレーで落ちます。白っぽくこびりついたカルキ汚れにはクエン酸パック。

少しの水で溶いたクエン酸を汚れに張り付けてラップし、時間を置き、重曹で磨きましょう。それから排水口のお手入れも忘れませんように。排水口の詰まりは「滞り」につながりますから、流れをよくしておきましょう。お風呂には「出会いの神さま」がいるといいます。私は信じるタイプです（笑）。そんな目線で自分がハッピーを引き寄せたい所から整えてもいいのです。自然素材のお手入れ方法はどれも簡単にできることばかり！

それでも「なんだかやる気が起きない」「体が動かない」そんなときもあります。これは「体の冷え」が影響している場合もあります。朝、白湯や体が温かくなる飲み物、食べ物を取るように心掛けましょう。そんなときに併せておすすめなのが今回のレシピ「黒糖ジンジャーシロップ」です。

いまからできることを、誰かにせかされることなく、押し付けられることなく、自分のリズムで始めてみましょう。

◆ワンポイントアドバイス

医学博士の渡邉賀子先生と花王株式会社の共同研究によると、炭酸入浴（40℃の湯に10分つかる）を2週間続けた結果、さら湯につかるよりも冷えや疲労感に効果があったという回答が約9割あり、さらに入浴後すぐ眠れたという声もあったことが分かっています。

笑むのレシピ20 Happiness and Smiles Recipes 20

黒糖ジンジャーシロップ

【材料】

◎ショウガ:300g ◎黒糖:300g ◎水:180mℓ ◎唐辛子:1、2本 ◎お好みでシナモン、クローブ、ローリエ、カルダモン、ブラックペッパーなど

【用意するもの】

◎鍋 ◎お茶パック ◎ふた付きの保存瓶

【作り方】

① ショウガをよく洗い、皮の汚れを包丁でこそげ取り皮ごとスライス。
② 鍋にショウガと黒糖を入れ40分程度ショウガから水分が出るまで置く。
③ 種を抜いた唐辛子やスパイスはお茶パックに入れ②に水と一緒に火にかける。
④ 沸騰しあくが出たらお茶パックを取り弱火で焦げ付かないように20分煮る。
⑤ ショウガが透き通ったら火を止めザルでこし、ふた付きの瓶で保存。

【使い方】

冷蔵庫で1週間保存可能。ショウガの体を温め免疫力をアップする力に、ミネラルや各種ビタミンが豊富な黒砂糖の組み合わせは相性抜群です。

笑むのエッセー21

Happiness and Smiles Essays 21

ハッピー子育て

「子どものデリケートな肌に安心・安全なものを使いたい」「ベビーのためにナチュラルな暮らしを準備したい」など、ナチュラルな暮らしを求める方々が増えています。県や市など行政主催の通称「ママ講座」に講師として伺いますと、特にそのことを実感します。

〈暮らしナチュラリスト〉を立ち上げた理由の一つに、私の愛する重曹や自然素材たちを、単に「洗浄剤」や「掃除」という括りだけで捉えてほしくなかったことがあります。自然素材たちともっと仲良くなれる、素敵な魔法をティンカー・ベルの粉のように振りまけたらとの願いを込めて始めた活動でした。

願いは届くようです！

ママ講座受講後も、ご縁がつながり、たくさんの親子が近況報告に遊びに来てくれます。おなかの中で耳を澄まして聞いていたベビーはもう6歳。既に〈暮らしナチュ〉です（笑）。毎晩お風呂に重曹の粉を入れるのが彼の役目。お風呂も靴下も…キュキュッと洗い上げる〝家事男子〟です。ママが「これして、あれして」と言うのではなく、自ら楽しんで行動する彼なりの「遊び」なんだとか。

一方、言葉を覚えたてのかわいい女の子が発した「じゅーちょう（重曹）」と言う天使のような声にうれし涙する私。毎日の暮らしの中にある重曹は子どもたちにとって、既に当たり前に存在するコト・モノ。使い方もママのまねをして自然に覚えて自在に操っています！「ママの楽しそうな顔」を見て子どもたちは自然に学び育つんだなぁ、とつくづく思いました。

子どもたちと重曹のナチュラルな手遊びを幾つかご紹介いたしましょう。

大切なくまさんのぬいぐるみをお手入れする5歳の女の子。彼女は、透明な袋の中に、くまさんと重曹1カップ入れシャカシャカ振り、お昼寝して起きたら、袋から、くまさんをだして丁寧にブラッシングするといいます。これは重曹でぬいぐるみについたニオイや汚れを取るドライクリーニング！もうギュッて抱きしめてチューしても安心ですね。

小学校2年生のお茶目な女の子はエプロンをしてお菓子作るように「ふわふわクレンザー」を作るのが大好き！　「ホイップクリームみたいな、ふわふわの泡で食器をピカピカに洗ってシンクまで磨いてくれる」と笑顔で話してくれるママ。重曹とせっけん、ここにお酢を入れると、フワッと膨らむ様子は化学の実験のようで、大人だってワクワクしますよね。ママたちは自然素材を暮らしに取入れるようになり「危ないからダメ」などの育児ストレスからも解放されたといいます。

そんなママでも時に疲れて心がささくれるときだってあります。そんなときも、そっと優しく包み込んでくれるのが自然素材です。今回はココナッツオイルを使ったリップクリームのレシピです。素材を触ったり、素材が香ったり、〝五感をトリートメントしてくれる感覚〟がまた明日の笑顔につながります。

◆ワンポイントアドバイス

重曹などアルカリ剤の色は「白」。白色は「気分を一新する」「始まりを感じる」「周りに左右されず自己をしっかり持てる」などの心理効果もあるようです。

毎日が新しい私の始まり！　心の窓を磨いて太陽の光をいっぱい取り入れましょう！

笑むのレシピ21 Happiness and Smiles Recipes 21

ココナッツリップ

【材料】
◎蜜蝋：3ｇ ◎ココナッツオイル：12g（ホホバオイル、スイートアーモンドオイルなどお好みのオイルが使用可能）

【用意するもの】
◎リップクリーム容器 ◎耐熱容器 ◎かき混ぜ棒

【作り方】
① ココナッツオイルと蜜蝋を耐熱容器に入れ湯煎して溶かす。
② よく溶けたら手早く容器に注ぎ入れる。固まりそうになったら再度湯煎する。
③ 冷めたらふたをして冷蔵庫などで1時間ほど冷やし固める。

【使い方】
リップクリームとして使用。刺激を感じた場合は使用を中止すること。

【オプション】
植物オイル10ｇに蜜蝋2g、精油1、2滴入れると、「香るハンドクリーム」の完成。

笑むのエッセー22
Happiness and Smiles Essays 22

いざという日にも

東日本大震災発生から半年経った２０１１年9月11日、河北新報社が運営するオピニオンサイト「オピのおび」がスタートし（震災から3年後に終了）、東北在住の執筆者の一人として、私もできる限りの情報を発信させていただきました。その中で私は、「『いつかやろう』と思っていても、その『いつか』はこないのかもしれない」と書かせていただきました。震災後、この命、この暮らしを繰り返す日々が当たり前ではないことに気付かされました。

あの時、未曾有の大地震に自然の怖さと人間の無力さを感じずにはいられなかったけれど、私は自然素材によって助けられていたのです。いざという時、ライフライン復旧するまでの間も、重曹たちが心と暮らしをサポートしてくれていたのです。「毎日当たり前にできていたことが突然できなくなる」。それが震災。さまざまな角度から「備え」が必要となるのですが、いざというとき、重曹などの自然素材で健康を守る方法をお伝えしたいと思います。

まずは「歯磨きについて」。水が不足しがちな災害時は口内環境が乱れやすくなります。これが引き金となり、肺炎やインフルエンザなどに罹りやすくなります。健康は全てのキーワードです。自分の健康・命を自分で守るしかありません。避難所では歯ブラシすら手に入れるにも時間が必要です。緊急時にはハンカチなどを指に巻き付け歯の汚れを取るだけでも効果があります。

泡がたつ歯磨き剤は、すすぎでたくさんの水が必要となりますが、泡の立たない重曹なら、30㎖程度の水でスッキリしますから、「歯ブラシと重曹」は、非常用袋に必ず準備しましょう。それから殺菌力のあるハッカ油。衛生面からもよく使いました。その香りを使った重曹の歯磨きペーストはどんよりした気持ちまでもスッキリさせてくれました。

日が経つにつれ「無性にお風呂にはいりたい」「髪を洗いたい」と強く思うようになりました。こんなに長いことお風呂に入れない経験などなかった、これが震災なのです。髪の汚れやニオイがさらに私の心を暗くしていきました。そんな中、重曹の皮脂汚れやニオイを落とす作用のことを思い出し、カセットボンベで沸かしたぬるま湯に重曹を加えホット重曹水を作ったのです。スプレーボトルに入れ、頭皮に吹き掛けなじませた瞬間、頭皮と髪がフワッと軽くなったのを今も覚えています。一度タオルで押さえさらにスプレーを終えた髪は、べたつきもなく爽快感がありました。こんなにも重曹の強い力を感じたのは初めてでした。水を極力使わず重曹で食器洗いをしたり、たまった洗濯物やごみのニオイにも重曹ふり掛け消臭・吸湿したり…

ご紹介した方法は実は特別なことではなく、むしろ自然素材を使う上でのベースとなるシンプルな使い方ばかりです。普段の暮らし方が、いざというとき「備え」にもなるのです。

今回は災害時に心と体を温めるおみそ汁のレシピの紹介です。

◆ワンポイントアドバイス

災害時、ホット重曹水は洗髪だけではなく、体の汚れやニオイも落としますから、顔や体拭き、おむつケアなどあらゆるところに使えます。

笑むのレシピ 22 Happiness and Smiles Recipes 22

サバ缶のおみそ汁

【材料】
◎サバの水煮缶：1缶 ◎水：600 ～ 1,000mℓ ◎野菜：お好みの野菜 ショウガがあればなおよい ◎豆腐、油揚げなど冷蔵庫にあるもの ◎みそ：適量
【用意するもの】
◎鍋
【作り方】
① サバ缶汁ごと鍋に入れる。
② サバを軽くほぐし、水を入れる。
③ 火にかけて沸騰させ野菜を入れさらに煮る。
④ 野菜に火が通ったらみそを溶き入れて完成。
【特徴】

だし要らずで美味しいシンプル料理。震災時、山形出身の友人から大量にいただいたサバ缶を使用した「サバメシ」。震災の記憶を忘れない味。暖房が使えなくても体の芯から温まりました。

笑むのエッセー23
Happiness and Smiles Essays 23

重曹のサマリー

暮らしの中の汚れには、大きく分けて酸性汚れとアルカリ性汚れがあります。酸性汚れはアルカリ性洗浄で、アルカリ性汚れは酸性洗浄。「汚れを中和して落とす」。これは合成洗剤もナチュラル洗剤も基本は同じです。私たちが暮らしの中で感じる汚れやニオイのほとんどが酸性汚れです。キッチンの油汚れはその代表格です。ほかにもリビングの汗や手あか、バスルームの皮脂汚れや湯あかなど。生ごみが腐敗したニオイも酸性です。その酸性の汚れやニオイを落とすのが重曹です。

ここで重曹の五つの働きについてまとめます。

酸性汚れを中和する力　弱アルカリ性の重曹は油汚れ、皮脂汚れなどの酸性の汚れを中和し水溶性に変える働きがあります。ベトベト汚れをサラリとした状態に変化させ、水で流せます。

マイルドに磨く力　重曹は、水に溶けにくい細かな粒子の結晶で出来ています。マイルドな研磨力のため素材を傷つけることなく、汚れだけを分解してスッキリ落とします。

ニオイや湿気を取る力　重曹は人が気になるニオイや空気中の水分を吸収しながら中和します。ニオイをニオイでごまかさず、ニオイの原因を根本から消します。

水を軟らかくする力　水に含まれるカルシウムやマグネシウムなど金属イオンを抑えて使いやすい水になります。お掃除やお手入れに適した軟水は、水だけで汚れを落とすマジックウォーターです。

泡を作り出す力　弱アルカリ性の重曹に酸性のクエン酸や酢を加えると化学変化で細かな泡が生まれます。この炭酸ガスが手の届きにくい場所の汚れを落とします。

次に、重曹の使い方ですが、ここでは基本の4パターンをまとめておきます。

重曹パウダーで使う　ぬらさずに掃除したい場所などに直接、重曹の粉を振り掛けて使用する方法。

重曹ウォーターで使う　重曹を水に溶かし使用する方法。重曹は完全に溶かしきることができないのでスプレーで使う場合は「計量カップ１の水に重曹小さじ１」が基本。使用後乾燥して白く浮き上がるときはクエン酸水をスプレーすると中和され仕上がりがキレイです。

重曹ペーストで使う　重曹に少量の水を混ぜてペースト状にし汚れにパックして使います。汚れの状態に合わせ、せっけんや酸素系漂白剤などに置き換えます。

重曹アロマで使う　重曹に精油を数滴加えて衛生力を上げる方法です。カビやウイルスなどへの抗菌力や消臭力など持つ精油やハーブなど植物の力を借りて身の回りを整えます。

◆ワンポイントアドバイス
精油はとてもパワフルです。環境だけではなく、心や体にも心地よく働きます。初めての方は使用方法を学んだ上で少量からお試しください。ハーブから始められることをおすすめします。

笑むのレシピ23 Happiness and Smiles Recipes 23

トロナ鉱石

【読むレシピ】
◎アメリカ合衆国中西部、広大な自然に囲まれた美しい大地、ワイオミング州、グリーン・リバー市。はるか昔、大きな塩水湖が気候の変化により干上がってしまいました。湖底に堆積した有機物から発生する炭酸ガスと、周りの山々から流れ込む水に溶け込んだナトリウム分が反応し、長い年月を重ね生まれたのがトロナ鉱石です。
◎トロナ鉱石は天然のソーダ化合物（天然ソーダ）です。これを精製することによってセスキ炭酸ナトリウムや非常に純度の高い重曹が生まれます。天然ソーダはアメリカ以外にもケニア、エジプト、南アフリカ、メキシコ、ペルーなど世界の60カ所以上で産出します。
◎重曹、それは太古は湖だった場所から生まれた自然からの贈り物です。

笑むのエッセー24 Happiness and Smiles Essays 24

クエン酸、ビネガーのサマリー

重曹のサマリーでは暮らしの中の酸性汚れについてお話ししました。この項ではアルカリ性汚れについてお伝えいたします。

キッチンや浴室回りなど水を多く扱う場所で浮き出た白いくもりがアルカリ性汚れです。具体的には水回りの水あか、せっけんカスがアルカリ性汚れの代表格です。その他、魚の生臭いニオイ、トイレのアンモニア臭、子どものおねしょのニオイなどもアルカリ性汚れが原因です。こうしたアルカリ性汚れやニオイを落とすのがクエン酸やビネガーです。

ここでクエン酸やビネガーの四つの働きについてまとめます。

汚れに浸透して剥がす力　酸性のクエン酸やビネガーは結晶性の汚れに浸透し、溶かしたり剥がしたりする働きがあります。水あかやせっけんカスなどの汚れにはクエン酸成分を浸透させて落とします。

菌の繁殖を防ぐ力　クエン酸やビネガーを使うことでキッチン回りの衛生力が上がり安心。70℃以上に温めるとさらに効果があがります。

ニオイを消す力　生臭い魚のニオイ、たばこの煙のニオイ、トイレのアンモニア臭のニオイ、部屋にこもったニオイを消すことができます。

リンスする力　重曹やせっけんが残って白く浮き上った汚れを防ぐためには使用後にクエン酸やビネガーを使うことで、キレイに仕上がります。

次に、クエン酸やビネガーの使い方。ここでは基本の5パターンをまとめます。

クエン酸パウダーで使う　水に溶けやすくニオイのないクエン酸を粉の状態で使う方法です。ざらざらした粒子で研磨するように磨くことや洗濯や食洗機の際のリンス剤として、暮らしのあらゆるシーンで便利に使うことができます。粒子は湿気を吸い込むと固まるので、保管はふたがあるものをおすすめします。

クエン酸ウォーターで使う　クエン酸を水に溶かし使用する方法です。クエン酸はサッと水に溶けますので、スプレーボトルに入れても詰まることはありません。スプレーで使う場合は「計量カップ1の水にクエン酸小さじ1」が基本。トイレのスプレーや窓ガラス、鏡の水あか掃除などにも幅広く使えます。

ビネガー原液で使う　穀物酢やリンゴ酢を原液で使用する方法です。ダスターやペーパーなどにビネガーを染み込ませて拭いたり、汚れにパックして使うなどします。

ビネガーウォーターで使う　ビネガーを２、３倍の水で薄めて使う方法です。まな板や包丁・冷蔵庫、排水口などニオイや衛生が気になる場所はこまめなスプレーで雑菌の予防ができます。

ハーブビネガーで使う　ビネガーにハーブの力を加えて使う方法です。ビネガーのツンとしたニオイが気になる方に人気の使い方です。ハーブエッセンスの色と香りが加わりさらにパワーアップします。

◆ワンポイントアドバイス
ハーブビネガーはせっけんシャンプー後のリンスや洗顔後の化粧水として、美容用に潤いやピーリング効果を得たいときなどにも使えます。サラダのドレッシングとしても使用できます。

笑むのレシピ 24 Happiness and Smiles Recipes 24

クエン酸

【読むレシピ】

◎クエン酸はビネガーやレモンなどかんきつ類に含まれる酸味成分で、古くから疲労回復によいと親しまれています。漢字では「枸櫞酸」と表記します。「枸櫞」とは中国産のレモンの一種。

◎クエン酸は1784年にスウェーデンの化学者カール・ヴィルヘルム・シェーレによってレモン果汁から発見されました。紀元前460～377年の古代ギリシャでは、医師のヒポクラテスがお酢の力に注目し病気の治療に利用した記録が残っているそうです。日本に食用のお酢が誕生したのは4世紀前半ごろといわれ、7世紀初めの聖徳太子が生きた飛鳥時代には、お酢を作る官職が置かれていたほど貴重なものでした。

笑むのエッセー25 Happiness and Smiles Essays 25

せっけん、セスキ、酸素系漂白剤

この項では、せっけん、セスキ、酸素系漂白剤の三つの基本素材についてまとめます。

まず、せっけんについて。重曹やクエン酸だけでは落ちにくい、強固な汚れ落としにはせっけんパワーを使います。重曹とせっけんを一緒に使うことで双方の働きの助けとなり汚れ落ちをアップさせます。

せっけんには二つの働きがあります。

界面活性剤としての力　混ざり合わない水と油を結び付ける役割が界面活性剤。せっけんはその働きで、水に溶けない油を乳化させて浮かし、汚れの小さな粒が水中に分散して汚れを流します。

汚れを浮かせて落とす力　アルカリ性のせっけんは、油、皮脂汚れを豊かな泡で、汚れを浮き上がらせ中和し、落とします。

せっけんを選ぶときは、「純せっけん」と表示のあるものを手にしましょう。天然の植物油脂を原料にしたせっけんは乳化の力で油汚れにも強く、重曹との相性もよく環境に優しいです。

次は、セスキ炭酸ソーダについて。重曹と同じ無機物で環境に優しく、重曹より強いアルカリ剤です。重曹のpH８・２に対しセスキ炭酸ソーダはpH９・８。汚れ落ちの効果も高く水に溶けやすく使いやすいアルカリ剤です。

セスキ炭酸ソーダの使い方ですが、水５００mℓにセスキ小さじ1を溶かし、セスキウォーターとしてスプレー容器に入れて使う方法があります。ホットセスキウォーターをつけ置きで使う場合は、ぬるま湯３ℓにセスキ大さじ2が基本です。いずれも使用後は水洗いや水拭きで仕上げましょう。

セスキ洗濯もおすすめ。水30ℓに大さじ2が基本。すすぎも基本一回でOK！　黒ずみが気になる場合や衣類のリンスとしてクエン酸を併用します。

三つ目は酸素系漂白剤について。酸素系漂白剤は合成界面活性剤の入っていない「過炭酸ナトリウム１００％」の白い粉状のタイプを使用しましょう。

アルカリ剤の仲間でアルカリ度が一番強くpH10・5。溶けた液から活性酸素の泡が出ます。この泡が殺菌や漂白の働きをします。肌に直接触れる下着などデリケート肌の方にも安心です。食洗機の洗浄、洗濯槽や風呂釜洗浄、排水口・排水管などに使用します。

◆ワンポイントアドバイス

どのような素材にも相性の悪い関係があります。次のことに注意して使用しましょう。また、ご自身の体質等を見極めながら少量の使用から始められることをおすすめします。

アルカリ剤

- アルミ、畳、白木、土壁、しっくい、フローリングに使わない。
- ヒノキ、大理石、24時間風呂には使わない。
- ウールやシルク、草木染などに使わない。
- 手荒れが心配な方はゴム手袋などする。

酸性剤

- 塩素系の洗剤とは決して混ぜない（有毒ガスが出るので危険）。
- 大理石には使用しない。

笑むのレシピ25 Happiness and Smiles Recipes 25

せっけんの実

【読むレシピ】
◎せっけんの実と呼ばれている木をご存じでしょうか？　英名では「ソープナッツ」。日本では「無患子（ムクロジ）」。子どもが患わない＝病気をしないという意味の木です。ソープナッツには、天然の界面活性剤であるサポニンが多量に含まれており、お水やお湯の中に実をそのまま入れてかき混ぜると簡単に泡が立ちます。
◎インドやネパールでは、昔からせっけんとして洗濯などに使われ、アーユルヴェーダ（インド伝承医学）では、薬草（ハーブ）として重要な役割を果たしてきました。
◎日本でも古来からせっけんとして使用され、縁起のよい実として「数珠」に使われています。

笑むのエッセー26
Happiness and Smiles Essays 26

自然素材のサマリー

植物性グリセリン、植物性オイル、塩、ドライハーブ、アルコール、ハッカ油といった〈暮らナチュ〉が使用する主要な自然素材について、まとめてお話しいたします。

植物性グリセリンについて　パーム油やヤシ油から取る甘みのあるとろんとした無色透明の液体です。水と油によくなじみ、穏やかな界面活性作用があります。保湿力・吸湿性・潤滑性も優れ、歯磨き剤や化粧水、入浴剤、衣類柔軟剤、シミ抜きなど便利に使えます。可燃性ですので、火気に注意します。

植物性オイルについて　スキンケアやヘアケアに使われるオイルは皮脂膜によくなじんで肌の潤いを抱え込んで守ります。オイル特有の肌に溶け込むしっとりした浸透感が肌を滑らかにします。オイルにより香りや粘性が異なり、使い心地も変わります。オイルを選ぶときは100％天然のものを選びます。

塩について 塩は、けがれをはらい清める自然の洗浄剤です。塩の殺菌、吸湿、研磨などの作用は掃除やスキンケアにも活躍します。

ドライハーブについて 自然素材の暮らしに心地よさとともに抗菌、抗カビ、防虫など植物のパワーを手軽に使うことができる自然素材です。同じ植物の精油に比べると効果は穏やかですので、小さなお子さんがいらっしゃる場合も神経質にならず取り入れることができます。ビネガーやアルコールなどでも成分を抽出できます。

アルコールについて エタノールは〝酒精〟といわれるお酒の主成分。水や油とよく混ざり揮発性が高いのが特徴。60％以上の濃度のアルコールは優れた殺菌力がありますが、可燃性のため注意が必要です。アルコール度数99・9％の無水エタノールのほか、水が20％入るアルコール度数80％の消毒用エタノールがあります。濃度が高いと汚れ落ちはいいですが塗装などを剥がすことがありますので要注意です。アルコールは融解、消毒、殺菌、カビ予防に効果があります。ホワイトリカーで代用する場合は原液～2倍の水に薄めて使います。

精油を数滴入れることも可能です。

ハッカ油について　和種ハッカを使用したものは、メントール含有量が65～80％程度と高いのが特徴です。和種ハッカは漢方薬として薬効分類されています。〝西洋ハッカ〟のペパーミント精油はメントール含有量が45％～60％とマイルドな爽快感です。ハッカ油は抗菌・消臭・殺虫などの作用があります。歯磨きや夏の入浴剤としても使用できます。ホワイトリカーに数滴入れれば、キッチンやトイレの消毒用スプレーや虫よけスプレーにもなります。

香りでリラックスできる精油も、ハッカ油と同様に植物の有効成分が凝縮したものです。一滴（約0・05㎖）にハーブ数百倍のエネルギーが詰まっていますから、精油の本来の力強さをご理解の上、心地よくお使いください。

◆ワンポイントアドバイス

精油の使用に当たっては、妊婦や乳幼児、持病をお持ちの方がいる場合は、医師にご相談ください。精油はそのまま肌に付けずパッチテスト後にお使いください。かんきつ系の精油は日光に当たる部分へのご使用は避けます。

笑むのレシピ 26 Happiness and Smiles Recipes 26

ハワイアン・シー・ソルト

【読むレシピ】
◎ハワイで出会ったハワイアン・シー・ソルト。塩化ナトリウムとして化学的に生成された塩と異なり、ハワイの海から得られる天然の塩はミネラルも豊富。マイルドでおいしい塩です。入浴剤やマッサージにも使われています。ハワイの海から生まれた塩と湖から生まれた重曹を入れ入浴すると、まるでハワイの海に包まれているようで癒されます。
◎塩とオイルを使う「ソルトスクラブ」は、心と体のデトックスに効果的といわれています。

笑むのエッセー27

Happiness and Smiles Essays 27

アロハスピリット

ハワイが大好きです！

20年ほど前から、ハワイへ帰る時間を毎年楽しみにしています。「どこがそんなに…好き？」と問われれば、「ハワイの自然の中に自分を見つけられるから」と答えますが、好きなこと楽しいことは「頭で考えるものではなく、感じるもの」。ハワイで過ごす時間は特別なことをするわけではなく、「いまここにいることが幸せ」なのです。朝がくる前から海辺を散歩したり佇んだりして時を過ごします。まだ暗い海を月が照らし太陽が海に光を注ぐようにして新しい朝がやってくる！　この朝の訪れに感謝します。波に逆らうことなく風に逆らうことなく、自然の一部になる瞬間に会いにいくのです。

この感覚は「頭で考えるものではなく、感じるもの」。〈暮らしナチュラリスト〉

のマインドでもあるのです。考え過ぎて動けない方がいらっしゃいます。考えることは大切なことですが、「スキルはあるのに」「変わりたいのに」そこから一歩先へ進めないのはもったいないことです。心のストッパーを外したら流れが変わります。そのいい風に身を任せてみるのはいかがでしょう。

「シンプルに生きること」「シンプルに暮らすこと」は、簡単なようでいて、難しいことでもあります。抱え込んでいるもの、いま置かれている環境も皆さんそれぞれ異なりますが、それでも「どう生きたいか」「どう暮らしたいか」を内観していると、「自分にとって本当に大切にしたいもの」が見えてきます。

私は心が喜ぶことを優先するようにしています。もちろん、ときに予想もしないハプニングも起こります。起業したばかりで、まだ迷える子羊だったころがそうでした。そんな折、恩師が掛けてくれた言葉、「それは…試されているんだね」。この一言にとても励まされたものでした。大切なもの見極め、小さな選択を繰り返すうちに、身辺が身軽になります。身軽になると、余白が生まれ、大事なものや大切な人との時間をいとおしむようにもなります。

無理して残しているものはありませんか？　モノであったり、感情であったり。それらを手放すことは決して悪いことではありません。でも、勇気が必要ですね。時間も必要ですね。無理をしなくても、いいタイミングで楽々と手放せる時が誰にでもやってきます。そのタイミングの波をつかんで、波に乗るのです。後は自分が機嫌よく暮らすために必要なものを、選び残す。

人は年齢と経験を重ねて、常に成長し続けますから、そのときどきに合わせ調整することも必要です。私自身、〈暮らしナチュラリスト〉を立ち上げるまでに10年という月日が必要でした。〈エコ家事プランナー〉という肩書の中で、経験を重ね、自然素材との付き合い方も向き合い方も実は同じではなく、変化し続けています。

その中で「変わらないこと」も存在します。自然素材のある暮らし方は、暮らしをメンテナンスするスキルを磨くことだけが目的ではなく、自身が自然体にかえるための方法でもあるのです。自然に優しい暮らし方は、私たち自身に優しい暮らし方。ナチュラルに自ら動き出せるように、ほんの少し背中を押してあげる役目を担っているのが〈暮らしナチュラリスト〉です。

もうすでに自身の中にある「好きという気持ち」「楽しいという気持ち」「心地よいという気持ち」を、暮らしという自分の中に表現してみませんか？

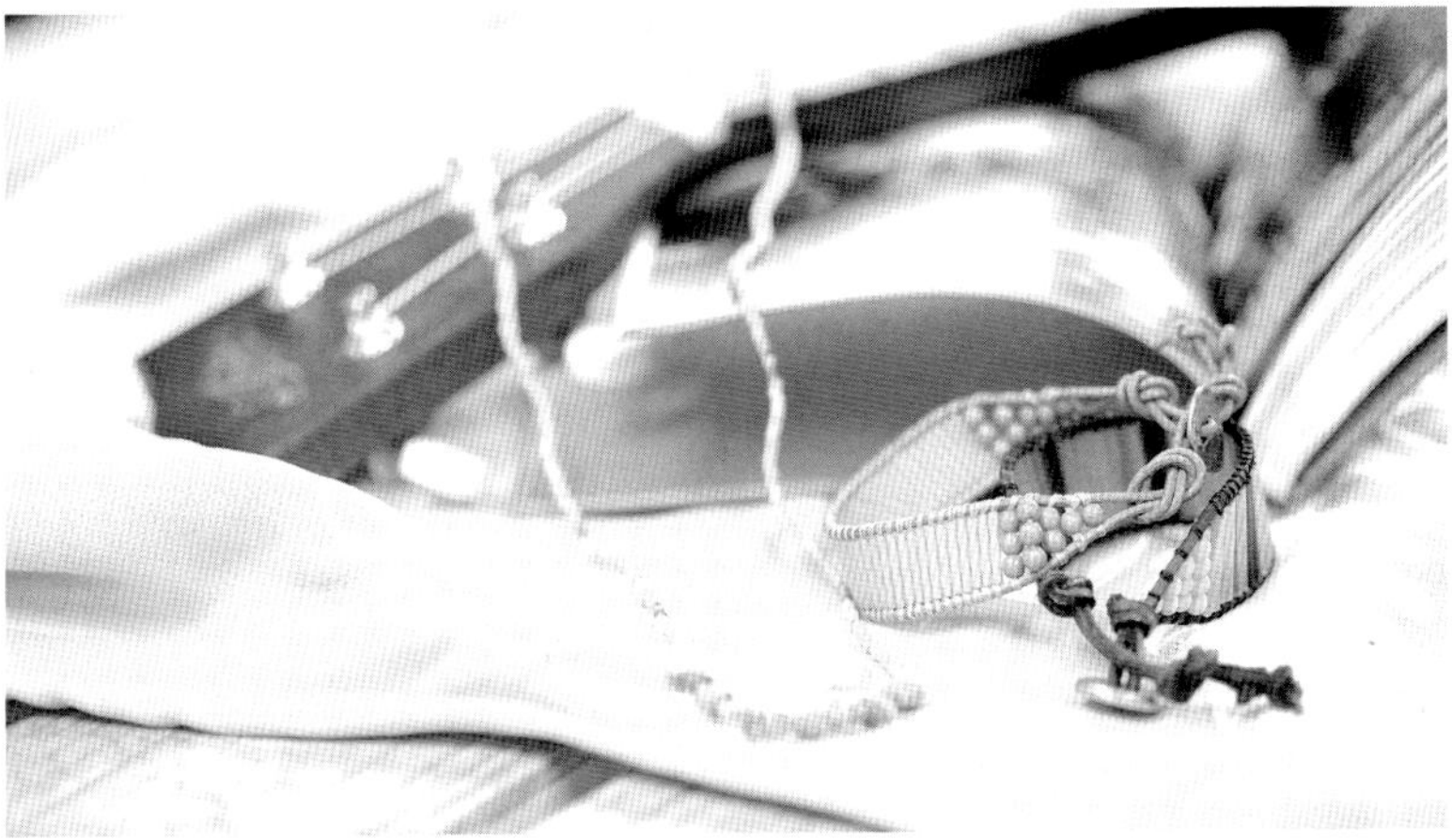

笑むのレシピ27 Happiness and Smiles Recipes 27

心に響くアロハスピリット

【読むレシピ】
◎ハワイの精神を象徴する言葉の一つ、ＡＬＯＨＡ。5つの頭文字をとった言葉、アロハスピリットをここに紹介します。

AKAHAI　思いやり　LOKAHI　調和　OLUOLU　心地よい
HAAHAA　謙虚　AHONUI　忍耐

◎アロハとは「息の存在」「生命の息」を意味する言葉。初めに自分を愛した上で、他人をも愛すということを意味します。
◎ハワイ州のモットー「Ua Mau Ke Ea o Ka 'Aina i Ka Pono」（大地の生命は正しいものに永遠に宿る）心に響くハワイ語です。

参考文献

『天使は清しき家に舞い降りる』カレン・ローガン著（集英社）

『魔法の粉ベーキングソーダ重曹335の使い方』ヴィッキー・ランスキー著（飛鳥新社）

『はじめよう! セスキ炭酸生活』石鹸百科監修（メディアファクトリー）

『おうちで簡単洗濯上手』中村祐一監修（大泉書店）

『ハワイが教えてくれたこと。』本田直之著（イースト・プレス）

Special Thanks

■執筆協力［P.66-69／P.82-85］

鈴木　薫（暮らしナチュラリスト®プロ）

■漫画寄稿［帯］

井上　きみどり（漫画家・コラムニスト）

■カリグラフィー

三藤　佐和子（カリグラファー）

■ビーズアクセサリー

一條　文子（アクセサリー作家）

■かご制作

菊池　真弓（かご作家）

■パウダーdeco制作

juno（手工芸愛好家）

■リース制作

Noël〈Yukiko Katou〉（リース作家）

■写真撮影

兼子　美紀弘（フォトグラファー）

■表紙デザイン／本文フォーマットデザイン

榎本　幸弘（デザイナー）

■編集

杉山　昌己（エディター）

あとがき

講座やイベントの中で「重曹を使ったことはありますか?」「継続して使っていますか?」と皆さまにお尋ねします。「数回使ったけれど、その後は使っていない」そのような方々がほとんどです。多分その原因は、自然素材と仲良く暮らすための基本的な使い方や「こんなときはどうするの?」というタイミングで身近に相談できる人や場所がなかったからだと思います。

私たち〈暮らしナチュラリスト〉は、自然素材と仲良くできるプロです。迷ったときのアドバイスや暮らしの楽しみ方などをサポートできるメンター(助言者)でもあります。〈暮らしナチュラリスト〉さん同士は、近い感性を持ち合わせていますから、集い合うとナチュラルなショップや商品の情報交換など楽しそうです。子育て期や産後復帰などの迷いや戸惑い、そしてこれからの夢など語らうことで「楽しかった」「元気になりました」とキラキラの笑顔で帰られます。

〈暮らしナチュラリスト〉は小さなコミュニティーでもあります。特別なことではない、たわいもない幸せが明日の糧になります。笑顔は笑顔を運びます。

「〈暮らしナチュラリスト〉養成講座」は、全国にきっかけの種まきを始めました。いつの日か、あなたの笑顔にお目にかかれますことを楽しみにしております。

最後に、出版という私の夢をかなえてくださったエンジェルパサーの杉山昌己さん、ブックカバーの帯にユーモアあふれるご寄稿をいただいた漫画家の井上きみどりさん、センスある写真を撮っていただいたフォトグラファーの兼子美紀弘さん、精緻なドローイングにより本文中の数字や罫線をご提供いただいたカリグラファーの三藤佐和子さん、写真撮影のコーディネートに作品をご提供いただいたビーズアクセサリー作家の一條文子さん、かご作家の菊池真弓さん、手工芸愛好家の juno さん、リース作家の Noël（Yukiko Katou）さんに心から感謝申し上げます。そして、今までご縁をいただき応援してくださったたくさんの皆さまのおかげでこの本が生まれました。

出会いに感謝！

Aloha nui loa

［アロハ・ヌイ・ロア］

たくさんの愛を込めて。

著　者

川村　康子（かわむら　やすこ）
Yasuko Kawamura

札幌市出身。仙台市在住。〈暮らしナチュラリスト〉主宰。〈笑むSTYLE〉代表。家庭雑貨メーカー勤務の後、自然素材の重曹とクエン酸をベースにした暮らし方である「エコ&カジュアルな家事」、略して「エコ家事」を提唱。エコ家事プランナーとして、新聞、テレビ、セミナー、イベントなど、さまざまな場で、肌と自然に優しい暮らし方を紹介。2009年4月から河北新報夕刊に「笑むと『エコ家事』」を2年間にわたり連載。2015年2月、「SENDAI for Startups! ビジネスグランプリ2015」において「生きることに前向きな輝く女性たちへ。暮らしナチュラリスト養成講座」の事業プランで奨励賞受賞。現在、〈暮らしナチュラリスト〉の養成に取り組むほか、行政や企業の各種セミナーの講師、仙台市起業支援センター アシ☆スタ 先輩起業家メンターなどを務めている。2021年春、「小さな森のエミュールーム」オープン。

ハーブコーディネーター、整理収納アドバイザー。

（「暮らしナチュラリスト」「笑むSTYLE」は著者の登録商標です。なお本文中では、〈暮らしナチュラリスト〉〈笑むSTYLE〉と表記し、「®」の表示は省略しておりますので、ご了承願います）

https://emustyle.com

改訂版　暮らしナチュラリスト入門
新しい生活様式の時代に心地よく暮らすための27のレシピ

2016年8月27日　初版第1刷発行
2020年12月1日　改訂版第1刷発行

著　者　川村 康子
発行者　杉山 昌己
発行所　株式会社エンジェルパサー
https://angelpasser.jp
〒985-0835 宮城県多賀城市下馬5丁目11番6号　電話 022-385-5080
印　刷　株式会社スペース
製　本　新日本紙工株式会社

　ISBN978-4-9908969-3-5

エンジェルパサーは、地方の小さな出版社です。
暮らしの中にさまざまな楽しみや喜びを見つけ出そうとする人たちと一緒に、
言葉とデザインを大切にし、読み継がれる本づくりを目指しています。

〈暮らしナチュラリスト〉養成講座について

〈暮らしナチュラリスト〉養成講座では、「初級編ファースト」と「応用編セカンド」の２種類のほか、ご自身でセミナーを企画･開講できるプロを育成する〈暮らしナチュラリスト〉プロ認定講座があります。

【初級編ファースト 全３回】
受講料：3,800円（税込）×3回／各120分（材料費込み）
受講対象：自然素材を使った暮らしを学び、暮らしの中に自然素材を気軽に取り入れたい方

【内容】
自然素材でキレイになる！ナチュラル美人計画①～③
① スキンケア　② キッチンケア　③ ランドリーケア

【実習例】
① アロマ炭酸ジェル　② ハーブのキッチンソープ　③ アロマリンスの柔軟剤

【日時・会場】
公式ウェブサイトの記載内容をご確認の上、メールにてお問い合わせください。
メールアドレス：hibiscus@fancy.ocn.ne.jp

【最大定員】
マンツーマン～最大５人程度のサロン形式、その他５人以上の講座形式で開講。

【その他】
１日集中コースや出張講座、Zoom オンライン講座などもリクエスト可能です。
詳細はお問い合わせください。

公式ウェブサイト https://emustyle.com
暮らしナチュラリスト　検索

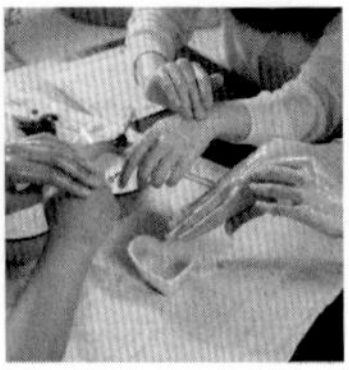